라이브인 일본어

입문 2

머 리 말

우리가 우리말을 배우는 과정에서 듣기→말하기→읽기→쓰기의 순으로 배우게 되는 것은 자연스러운 과정이다. 그러나 외국어인 일본어를 배울 때, 읽기→쓰기→말하기→듣기 순으로 배우고 있다. 모국어를 익힐 때와 외국어를 배울 때는 정반대가 되는 것이다. 필자는 이 상반되는 과정을 어떻게 하면 극복할 수 있을까 하고 오랫동안 고민해 왔다. 그러던 중 함께 외국어교육을 연구하고 오랫동안 교육현장에서 종사하는 교수들이 뜻을 모아 함께 집필하기 시작하여 「라이브인 일본어 입문1」과 「라이브인 일본어 입문2」를 펴내게 된 것이다.

한 명의 저자가 아니라 한국어가 모국어인 일본어교수와 일본어가 모국어인 일본인 교수가 함께 집필을 하게 되었던 것이다. 하지만, 진정한 평가는 독자 여러분에게 맡기고 싶다. 우리 일본어학습자의 수준도 이제는 매우 높아졌다고 할 수 있다. 이번에 출간하게 된 「라이브인 일본어 입문2」는, 지난 번 출간된 「라이브인 일본어 입문1」에서 익힌 일본어의 수준을 한 단계 끌어올리기 위한 텍스트로서 「라이브인 일본어 입문1」의 스타일을 답습하면서도 독창성 있게 구성해 보았다.

외국어를 공부하다보면 누구에게나 어떤 슬럼프에 빠질 수도 있다. 이 시련을 슬기롭게 극복해 가기 위해서는 실력이 향상되지 않는구나 하며 중도에 포기하지 말고, 자신감(CONFIDENCE)을 갖고, 하나하나 계속 꾸준히(STEP BY STEP) 해나가면 되는 것이다. 그러면 언젠가는 여러분도 일본어의 달인이 될 수 있는 것이다.

본문대화문은 일본문화, 사회도 동시에 이해할 수 있도록 다양한 테마를 선정하여 재미있고 현대감각에 부응할 수 있도록 구성하였다. 각 과마다 주요 포인트를 알기 쉽게 이해하도록 요점을 정리해 두었다. 본문해설은 기존의 다른 학습서와는 달리 문장을 하나하나 분석해 놓아 이해하는데 도움이 되도록 하였다. 특히 심혈을 기울인 것은 연습문제를 쓰기 · 읽기 · 말하기 · 듣기가 서로 나선형이 되어 상충작용을 할 수 있도록 배려하였다. 주요한 문법사항은 예문을 통하여 이해할 수 있도록 보충하기에 정리해 놓았다.

어떤 외국어이든 하나의 외국어를 습득한다는 것은 쉬운 일이 아니다. 하지만 「라이브인 일본어2」가 여러분의 일본어습득을 향상시키는 든든한 길잡이가 되어줄 수 있으리라 확신하는 바이다.

갑자기 「石の上にも三年」이라는 일본 속담이 생각나는 이유는 무엇일까?

「참고 견디면 무슨 일이라도 이루어진다」는 말을 다시 한 번 생각해 보자.

여러분의 건투를 빈다.

저자 씀

차례

01 冬休み(ふゆやす)み、何(なに)をしますか。

▶ 클래스메이트가 모여서 방학 때의 계획을 이야기하고 있다.

山下　みなさん、冬休み、何をしますか。

カリーヌ　私(わたし)は、国(くに)に一時帰国(いちじきこく)して、休みます。

山下　そうですか。スミスさんは?

スミス　ぼくは、友達(ともだち)と一緒(いっしょ)に集(あつ)まって忘年会(ぼうねんかい)と新年会(しんねんかい)をします。

山下　いいですね。リュウさんは?

주요포인트

이번 과에서는 동사의 중지형을 배우도록 하겠습니다. 동사의 중지형은 형용사와 같이 어미를 「て」로 바꾼다고 생각하면 됩니다. 단 이 과정에서 「音便」이라는 것이 나옵니다.
음편에는 「促音便」, 「撥音便」, 「い音便」이렇게 3종류가 있습니다.

国に一時帰国して、休みます。
5時に起きて、6時に食事をします。

リュウ　私は、中国(ちゅうごく)から家族(かぞく)が来(き)て、一緒に旅行(りょこう)するつもりです。

山下　そうですか。うらやましいですね。キムさんは?

ソラ　私は、家(いえ)でこたつに入(はい)ってみかんを食(た)べながらテレビを見(み)ます。

山下　そうですか。たぶん私も…。

문형

促音便	撥音便	い音便
ならう	あそぶ	あるく
まつ	のむ	およぐ
のる	しぬ	
…って	…んで	…いて(で)

8時に起きて、顔をあらって、歯をみがいて、ジュースを飲んで、歩いて学校へ行きます。
'8시에 일어나서, 세수하고, 이를 닦고, 주스를 마시고, 걸어서 학교에 갑니다.'

음편이란 발음을 좀 더 쉽고 편하게 하기위해 일어나는 현상이다. 위의 문장에서 보는 것처럼 '~하고, ~해서'와 같이 다른 말과 연결할 때 쓰는 「て」형을 의미한다.

한자표기

冬休(ふゆやす)み	何(なに)	国(くに)	一時(いちじ)
帰国(きこく)	休(やす)む	友達(ともだち)	一緒(いっしょ)
集(あつ)まる	忘年会(ぼうねんかい)	新年会(しんねんかい)	中国(ちゅうごく)
家族(かぞく)	旅行(りょこう)	家(いえ)	入(はい)る

본문해설

① みなさん、冬休み、何をしますか。

- みなさん：여러분
- 冬休(ふゆやす)み：겨울방학

夏休み、どこかへ行きますか。

あした、だれかに会いますか。

② 私は、国に一時帰国して休みます。

- 国(くに)：나라, 조국, 모국, 고국, 고향
- 一時(いちじ)：일시
- 帰国(きこく)して：귀국해서, 귀국하고
- 休(やす)みます：쉽니다, 쉬겠습니다 ≪→ 休(やす)む≫

毎晩８時に帰宅して、夕食を食べます。

③ ぼくは、友達と一緒に集まって忘年会と新年会をします。

- ぼく(僕)：자신을 가리키는 말로「私(나 · 저)」와 같지만, 남자들만이 사용한다.
- ~と一緒(いっしょ)に：~와 함께, ~와 같이
- 集(あつ)まって：모여서, 모이고≪→ 集(あつ)まる≫
- 忘年会(ぼうねんかい)：망년회, 송년회
- 新年会(しんねんかい)：신년회

彼女と一緒に夕食(ゆうしょく)を食べます。

先生と一緒に映画を見ます。

④ 私は、中国から家族が来て、一緒に旅行するつもりです。

- 中国(ちゅうごく)から：중국에서, 중국으로부터
- 家族(かぞく)：가족
- 来(き)て：와서, 오고≪→ 来(く)る≫
- 旅行(りょこう)する：여행하다

ソウルから友達が来て一緒にお酒を飲むつもりです。

日本からバイヤーが来て一緒に工場(こうじょう)へ行くつもりです。

⑤ うらやましいですね。キムさんは?

- うらやましい：부럽다, 부러운 ≪い형용사≫

⑥ 私は、家でこたつに入ってみかんを食べながらテレビを見ます。

- 家(いえ)で：집에서
- こたつ：일본의 가정에서 사용하는 전통난방기구
- 入(はい)って：들어가서 ≪→ 入(はい)る≫
- みかん：밀감, 귤
- 食(た)べながら：먹으면서≪→ 食べる≫

お茶を飲みながらテレビを見ます。

⑦ たぶん私も…。

- たぶん：아마(추측의 말을 수반하여)

たぶんそうでしょう。

たぶん来るでしょう。

연습문제

1. 다음 보기와 같이 주어진 동사의 「て」형을 만들어 보세요.

보기▶ 飲(の)む → 飲んでいます。

① 聞(き)く → ________

② 会(あ)う → ________

③ 待(ま)つ → ________

④ 止(とま)る → ________

⑤ 休(やす)む → ________

⑥ 並(なら)ぶ → ________

⑦ 来(く)る → ________

⑧ する → ________

⑨ 起(お)きる → ________

2. 다음 보기와 같이 동사에 「つもり」, 「予定」를 붙여 보세요.

보기▶ 東京(とうきょう)へ行(い)きます。→ 東京へ行くつもりです。
東京へ行く予定(よてい)です。

① 映画(えいが)を見(み)ます。

→ ________

② 10時(じ)に帰(かえ)ります。

→ ________

③ 秋(あき)ごろ結婚(けっこん)します。

→ ________

④ 明日(あした)会(あ)います。

→ ________

1. 다음 보기와 같이 2개의 문장을 하나로 만들어 읽는 연습을 해 보세요.

보기▶ テレビを見る / 新聞(しんぶん)を 読(よ)む → テレビを見て、新聞を 読みます。

① 歯(は)を磨(みが)く / 顔(かお)をあらう →

② ご飯(はん)を食(た)べる / お茶(ちゃ)を飲む →

③ お茶を飲む / 家(いえ)を出(で)る →

④ 家を出る / バスに乗(の)る →

⑤ バスに乗る / 会社(かいしゃ)へ行く →

2. 다음 대화의 밑줄 친 곳을 주어진 단어로 바꾸어 말하는 연습을 하세요.

보기▶ a 夏休(なつやす)み　b ハワイへ行く / ゆっくり休む

A: 夏休み、何(なに)をしますか。

B: ハワイへ行ってゆっくり休みます。

① a 日曜日(にちようび)　b 彼女(かのじょ)と会う / 映画を見る

② a 仕事(しごと)の後(あと)　b お酒(さけ)を飲む / カラオケに行く

③ a 授業(じゅぎょう)の後　b 家に帰る / 予習(よしゅう)をする

④ a お正月(しょうがつ)　b おもちを食べる / ゆっくり寝(ね)る

연습문제

1. 녹음된 내용을 듣고, (　　) 안의 말이 무엇인지를 받아 쓰세요.

① 友達が (　　　　　　　)います。

② こたつに(　　　　　　　)います。

③ 家で(　　　　　　　)います。

④ テレビを(　　　　　　　)みかんを(　　　　　　　)います。

2. 녹음된 내용을 듣고, 질문에 답변해 보세요.

① ポール君は冬休み、何をしますか。

→ ____________________

② ソラさんは冬休み、どこかに行きますか。

→ ____________________

보충하기

■ 1류 동사 (1그룹동사)
- 要(い)る : 필요하다
- 切(き)る : 자르다
- 減(へ)る : 줄다

■ 2류 동사 (2그룹동사)
- 居(い)る : 있다
- 着(き)る : 입다
- 経(へ)る : 경과하다

■ 주의해야 할 1류 동사
- 入(はい)る : 들어가다, 들어오다
- 走(はし)る : 달리다, 뛰다
- 知(し)る : 알다
- しゃべる : 말하다, 지껄이다
- 帰(かえ)る : 돌아가다(오다)

※ 2류동사와 3류동사(「くる」·「する」) 에는 음편이 나타나지 않고, 연용형에 「て」를 접속하면 됩니다. 그리고 「~て」형은 우리말과의 비교에서 「~(하)고, ~(해)서, ~(하)여」등의 뜻을 나타냅니다.

※ 과거 · 완료형을 나타내는 「~た」형, 병렬의 뜻을 나타내는 「~たり」형, 가정형인 「~たら」형에도 「~て」형과 같은 형태로 음편이 나타납니다.

	기본형	연용형(ます형)				음편		
つまる음편 (促音便)	あらう たつ のる (いく)	あらい たち のり いき	+	た て たり たら	⇒	あらっ たっ のっ いっ	+	た(だ) て(で) たり(だり) たら(だら)
はねる음편 (撥音便)	よむ あそぶ しぬ	よみ あそび しに				よん あそん しん		
い음편	かく およぐ	かき およぎ				かい およい		

문법포인트

먼저, 일본어의 동사는 모든 동사의 어미가 「ウ단」으로 되어 있음을 알고, 다시 1류, 2류, 3류 동사로 활용구분이 된다는 것을 알았습니다. 음편에는 「促音便」, 「撥音便」, 「い音便」, 이렇게 3종류가 있습니다.

촉음편 : 어미가 「う」「つ」「る」로 끝나는 동사는 어미를 「って」
발음편 : 어미가 「む」「ぶ」「ぬ」로 끝나는 동사는 어미를 「んで」
い음편 : 어미가 「く(ぐ)」로 끝나는 동사는 어미를 「いて(で)」(단, 行く→行って)

02 年賀状(ねんがじょう)を書(か)いています。

▶ 소라는 집주인 부부와 이야기를 하고 있다.

ソラ　お父(とう)さん、何(なに)をしていますか。

初　年賀状を書いています。

ソラ　わあ、筆(ふで)で書いていますか。とても上手(じょうず)ですね。

由子　お父さんは書道(しょどう)が趣味(しゅみ)ですよ。

ソラ　そうですか。お母(かあ)さんの趣味はなんですか。

주요포인트

여기서는 동사의 「て」형을 이용한 「~ている」의 문형, 즉, 진행형을 나타내는 표현을 배웁니다.
진행형은 「~ている」의 문형을 취하는 것이 일반적입니다.

何を見ていますか。
テレビを見ています。

由子　私(わたし)の趣味はお菓子(かし)作(づく)りと旅行(りょこう)です。一(いっ)ヶ(か)月(げつ)に一度(いちど)は、必(かなら)ず旅行に行(い)っています。今度(こんど)、一緒(いっしょ)に温泉(おんせん)に行きましょう。

ソラ　はい。楽(たの)しみにしています。

문형

[동사의 연용형 + て] + いる ~(하)고 있다(진행)
[かいて] + います 쓰고 있습니다

コンピューターを習っています。컴퓨터를 배우고 있습니다.
또한, 「~ている」에는 상태표현(~되어 있다)도 있습니다.

한자표기

年賀状(ねんがじょう)	筆(ふで)	上手(じょうず)だ
書道(しょどう)	趣味(しゅみ)	お菓子(かし)作(づく)り
旅行(りょこう)	一(いっ)ヶ(か)月(げつ)	一度(いちど)
必(かなら)ず	今度(こんど)	一緒(いっしょ)に
温泉(おんせん)	楽(たの)しみ	

1 お父さん、何をしていますか。

テレビを見ています。

雑誌(ざっし)を読んでいます。

2 年賀状を書いています。

- 年賀状(ねんがじょう)：연하장

レポートを書いています。

道(みち)を歩いています。

3 わあ、筆で書いていますか。とても上手ですね。

- わあ：와！(놀람의 표현)
- 筆(ふで)で：붓으로
- 上手(じょうず)ですね：잘하는군요, 능숙하군요 《な형용사》

紙(かみ)で作(つく)っていますか。とても上手ですね。

4 お父さんは書道が趣味ですよ。

- 書道(しょどう)：서예
- 趣味(しゅみ)：취미

私は読書(どくしょ)が趣味です。

お母さんは編(あ)み物(もの)が趣味です。

5 私の趣味はお菓子作りと旅行です。一ヶ月に一度は、必ず旅行に行っています。

- お菓子(かし)作(づく)り : 과자 만들기
- 旅行(りょこう) : 여행
- 一ヶ月(いっかげつ) : 일 개월, 한 달
- 一度(いちど) : 한 번 (= 一回(いっかい))
- 必(かなら)ず : 반드시 ≪부사≫
- 行っています : 갑니다 ≪→ 行く≫

私の趣味はつりとドライブです。

一週間に一度は、必ずつりに行っています。

二週間に一度は、必ず映画を見に行っています。

6 今度、一緒に温泉に行きましょう。

- 今度(こんど) : 이번에, 다음에
- 温泉(おんせん) : 온천
- 行きましょう : 갑시다 ≪→ 行く≫

一緒につりに行きましょう。

一緒に旅行に行きましょう。

7 楽しみにしています。

- 楽(たの)しみ : 즐거움

▶「楽しみにしています」의 표현은 연어적으로 사용되어「즐거운 마음으로 기대하며 있겠습니다, 또는 기대가 됩니다」의 뜻을 나타낸다.

1. 다음 보기와 같이 쓰는 연습을 하세요.

보기▶ みる → みます → みています

① まつ → ______ → ______
② はなす → ______ → ______
③ のる → ______ → ______
④ あそぶ → ______ → ______
⑤ よむ → ______ → ______
⑥ きく → ______ → ______
⑦ おきる → ______ → ______
⑧ ねる → ______ → ______
⑨ くる → ______ → ______
⑩ する → ______ → ______
⑪ すわる → ______ → ______
* ⑫ はいる → ______ → ______
* ⑬ いく → ______ → ______

2. 보기와 같이 동사에 「から」를 붙여 써 보세요.

보기▶ する → しますから → しませんから → しましたから

① 食べる → ______
② 飲む → ______
③ 帰る → ______
④ 休む → ______
⑤ 終わる → ______
⑥ 始まる → ______
⑦ 入る → ______
⑧ 来る → ______

1. 그림을 보고 보기와 같이 말하는 연습을 하세요.

보기▶ A：この人はなにをしていますか。

B：テレビをみています。

①

コーヒーを飲む

②

勉強をする

③

デートをする

④

新聞を読む

2. 다음 대화의 밑줄 친 곳을 바꾸어 말하는 연습을 하세요.

A：なにをしていますか。

B：ちょっとテレビをみています。

A：コーヒーでものみましょうか。

B：いいですね。そうしましょう。

① 雑誌(ざっし)を読む　② やすむ

③ 音楽(おんがく)をきく　④ 書類(しょるい)を書く

⑤ インターネットを検索(けんさく)する　⑥ 資料(しりょう)をしらべる

연습문제

1. 녹음된 내용을 듣고, (　　) 안의 말이 무엇인지를 받아쓰세요.

① 初さんは筆で (　　　) を書いています。

② 初さんの (　　　) は書道です。

③ 一緒に温泉に行く (　　　) です。

④ (　　　) を楽しみにしています。

2. 녹음된 내용을 듣고, 질문에 답변해 보세요.

① 初さんの趣味は何ですか。

→ ________________________________

② 由子さんとソラさんは、今度どこへ行く予定ですか。

→ ________________________________

보충하기

■ 結婚していますか。

※「결혼하다」의 일본어는 「結婚する」입니다. 따라서, 「결혼했다」의 표현은 시제상으로 생각해 볼 때, 「結婚した」로 표현할 수 있지만, 일본어에서는 「결혼하다 · 졸업하다 · 수료하다」등의 표현에서는 「~している」의 표현을 사용합니다.

이는 어떤 상황이 있은 후, 그 상태가 지속적으로 이어지고 있다는 뜻을 나타내고 있기 때문입니다. 그러나, 「언제 ~하였다」는 식으로 그 상황이 이루어진 시점을 함께 말하는 경우에는 「~した」의 표현이 사용됩니다.

A : 結婚していますか。 결혼 했습니까?
B : はい、しています。 네, 했습니다.
A : いつ結婚しましたか。 언제 결혼 했습니까?
B : 去年の春結婚しました。 작년 봄에 결혼 했습니다.

＊彼はノーベル賞を受賞している。 그는 노벨상을 수상하였다.

■ 「～ている」 의미 · 용법

동사의 「～ている」의 형태는 일반적으로 진행형을 나타내는 「~(하)고 있다」의 뜻으로 사용하는 것부터 배우게 되지만, 「～ている」는 상태 표현인 「~(되)어 있다」의 뜻으로 사용되기도 합니다.

(1) 동작의 계속진행 → 今、テレビを見ています。
(2) 결과의 상태 → 電気が消えています。
電車が止まっています。
(3) 반복습관 → 毎朝、ラジオ体操をしています。
(4) 소속 · 직업 → 横浜に住んでいます。
日本語を教えています。
(5) 소유 · 지식 → 車を持っています。
会議の時間を知っています。
(6) 경험 → 日本には5回も行っています。
あの映画ですか。もう見ていますよ。
(7) 단순한 상태 → 彼女はやせています。

＊일부 동사의 경우 항상 「ている」를 수반하는 경우가 있습니다.
太る、似る、そびえる、曲がる、優れる、バカげる

본 문 해 설

① お母さん、掃除、全部終わりました。

- お母(かあ)さん : 어머니(부르는 말)
- 掃除(そうじ) : 청소
- 全部(ぜんぶ) : 전부, 모두
- 終(お)わりました : 끝났습니다 ≪→ 終わる≫

② じゃあ、手を洗って、こちらを手伝ってください。

- 手(て)を洗(あら)って : 손을 씻고 ≪→ 洗(あら)う≫

▶ 「洗う」는 물을 이용하여 씻는 것을 나타내는 동사이다. 그러나 「足(あし)を洗(あら)う」라고 하면 '발을 빼다(나쁜 일에서 손을 씻다)' 가 된다.

顔(かお)をあらう。

③ わあ、美味しそうな料理ですね。お腹がすきました。早く食べたいです。

- 美味(おい)しそうな料理(りょうり) : 맛있을 듯한 요리 ≪→ 美味しい≫
- お腹(なか)がすきました : 배가 고픕니다. ≪→ 空(す)く≫

▶ 「お腹がすく」는 「배가 고프다」는 뜻을 나타내는 말이지만, 상태를 나타내는 경우이므로 「お腹がすいている」, 또는 「お腹がすいた」의 형태로 나타낸다.

お腹がすいていますか。 배가 고픕니까?

- 早(はや)く : 빨리, 일찍
- 食(た)べたいです : 먹고 싶습니다 ≪→ 食(た)べる≫

早く見たいです。

早く帰りたいです。

④ これは、おせち料理という料理です。明日、１月１日に食べますよ。

- おせち料理(りょうり) : 설날음식
- ~という~ : ~라고 하는~
- 明日(あした) : 내일
- １月１日(いちがつついたち) : 1월 1일
  - ▶ 「一日」를 「いちにち」라고 읽으면, 기간을 나타내는 말로 「하루」의 뜻이 된다.

こちらは田中先生という方です。

これはたこ焼きという食べ物です。

⑤ 今日は、大みそかですから、おそばを食べます。

- 大(おお)みそか : 섣달 그믐날
  - ▶ 「みそか」는 「그믐」을 나타낸다.
- ~ですから : ~(이기) 때문에
- おそば : 메밀국수(そば)

⑥ おそばも、おせち料理も楽しみです。じゃ、すぐに準備をしてきますね。

- 楽(たの)しみ : 즐거움
- すぐに : 바로, 곧
- 準備(じゅんび) : 준비
- してきますね : 하고 오겠습니다 ≪→ する + くる≫

彼女に会ってきました。

연습문제

1. 보기와 같이 쓰고, 읽기 연습을 해 보세요.

보기▶ おいしい → おいしそうです
げんきだ → げんきそうです
ふる → ふりそうです

① むずかしい →
② おもしろい →
③ たかい →
④ ひまだ →
⑤ むりだ →
⑥ まじめだ →
⑦ おわる →
⑧ 来る →
⑨ やくにたつ →

2. 보기와 같이 쓰고, 읽기 연습을 해 보세요.

보기▶ おせち料理 / 料理 → おせち料理という料理です。

① 恵理ちゃん / 友達 →
② アニ研 / サークル →
③ 山中湖 / 湖 →
④ せんべい / お菓子 →
⑤ 宮島 / 観光地 →
⑥ 立山(たてやま) / 山 →

1. 다음 대화의 밑줄 친 곳을 주어진 단어로 바꾸어 말하는 연습을 하세요.

A : いつごろはじまりますか。
B : すぐはじまります。
A : 10分ぐらいではじまるでしょうか。
B : ええ、はじまりそうです。

① 来る　② 終わる　③ できる　④ はいる

2. 다음 대화의 밑줄 친 곳을 아래의 단어로 바꾸어 말하는 연습을 하세요.

A : おもしろそうな漫画ですね。
B : ええ、おもしろそうなんですが、実はそうじゃないんです。
A : おもしろくないんですか。
B : ええ、あまり…。
A : そうですか。

① 高い / 店(みせ)　② おいしい / パン
③ 元気(げんき)な / こども　④ 大変だ / 仕事(しごと)
⑤ やくにたつ / 辞書(じしょ)　⑥ 雨が降る / 天気

3. 다음 대화의 밑줄 친 곳을 주어진 단어로 바꾸어 말하는 연습을 하세요.

A : これはなんというものですか。
B : こたつという暖房器具です。

① 三味線(しゃみせん) / 楽器(がっき)
② こけし / 人形(にんぎょう)
③ お雑煮(ぞうに) / お正月の食べ物

연습문제

1. 녹음된 내용을 듣고, ( ) 안의 말을 받아 쓰세요.

① わあ、(　　　　) 料理ですね。お腹がすきました。

② これは (　　　　) という料理です。明日、(　　　　) に食べますよ。

③ 今日は、(　　　　) ですから、おそばを食べます。

④ おそばも、おせち料理も(　　　　) です。じゃ、すぐに準備をしてきますね。

2. 녹음된 내용을 듣고, 질문에 답변해 보세요.

① 大みそかには何を食べますか。

→ ______________________________

② おせち料理はいつ食べますか。

→ ______________________________

보충하기

■「月」과「日(날짜)」읽기

一月 (いちがつ)	七月 (しちがつ)	一日 (ついたち)	七日 (なのか)
二月 (にがつ)	八月 (はちがつ)	二日 (ふつか)	八日 (ようか)
三月 (さんがつ)	九月 (くがつ)	三日 (みっか)	九日 (ここのか)
四月 (しがつ)	十月 (じゅうがつ)	四日 (よっか)	十日 (とおか)
五月 (ごがつ)	十一月 (じゅういちがつ)	五日 (いつか)	十一日 (じゅういちにち)
六月 (ろくがつ)	十二月 (じゅうにがつ)	六日 (むいか)	十二日 (じゅうににち)
何月 (なんがつ)		何日 (なんにち)	

▶ 형용사의 어간에「そうだ」를 접속시켜 양태를 나타낸다. 그리고「そうだ」는 활용에서 な형용사의 변화를 따른다.

おもしろそうです 재미있을 것 같습니다
おもしろそうな 재미있을 것 같은
おもしろそうに 재미있는 듯이
おもしろそうで 재미있을 것 같고

▶ 활용어의 종지형에「から」의 다양한 접속과 의미(이유, 원인)를 나타낸다.

今日は暑いですから、アイスを食べます。
今日は私の誕生日ですから、パーティーをします。
行くから 가기 때문에, 가니까
行きますから 가기 때문에, 가니까
行ってきますから 갔다 올테니까
行きませんから 가지 않기 때문에, 가지 않으니까
行きましたから 갔기 때문에, 갔으니까
行きませんでしたから 가지 않았기 때문에, 가지 않았으니까

04 初詣(はつもうで)

▶ 소라는 호스트 패밀리 부부와 함께 神社에 가서 대화하고 있다.

ソラ　人(ひと)がいっぱいですね。あれ、あそこには、何(なに)か飾(かざ)ってありますね。

初　あれは、絵馬(えま)と言(い)います。お願(ねが)いごとを裏(うら)に書(か)いてあそこにつるします。

そうすると、願いがかないますよ。

ソラ　本当(ほんとう)ですか？ じゃ、私も書きます。

初　ソラさんは、何(なん)て書きますか。

ソラ　もちろん、素敵(すてき)でお金持(かねも)ちの男性(だんせい)と会(あ)いたいと書きます。

あ、あの人たちは、何か結(むす)んでいますね。あれは何ですか。

주요포인트

상태의 표현을 나타내는 「~てある」와 「~ている」의 문형을 익히며,
가능동사의 문형을 익힙니다.

あそこには何か飾ってありますね。
彼はすこしやせていますね。

由子　あれは、おみくじですよ。向(む)こうで引(ひ)いたおみくじをあそこに結びます。

ソラ　「おみくじ」ですか？

由子　一年(いちねん)の運勢(うんせい)が書いてある紙(かみ)ですよ。
お参(まい)りをした後(あと)で、一緒(いっしょ)に引きましょう。

문형

1) 상태의 표현

[자동사] + [て] + [いる] …… 진행 / 상태
* 道を歩いている → 진행
* もう起きている → 상태

[타동사] + [て] + [いる] …… 진행 / 상태
* 手紙を書いている → 진행
* ズボンをはいている → 상태

[타동사] + [て] + [ある] …… 상태
* カタカナで書いてある → 상태
* 掃除がしてある → 상태

2) 가능동사의 문형

① 일류동사의 경우, 동사의 어미를 「え단」으로 바꾸어서 「る」를 접속한다.
* 行く → 行ける　* 飲む → 飲める

② 이류동사의 경우, 동사의 어미를 「られる」로 바꾼다.
* 食べる → 食べられる　* 起きる → 起きられる

③ 삼류동사의 경우
* 来る → 来られる　* する → できる

3) 동사의 완료형 + 체언

[동사의 과거형] + [체언]
* 会ったひと 만난 사람　* 読んだほん 읽은 책

한자표기

初詣(はつもうで)	何(なに)	飾(かざ)る	絵馬(えま)
お願(ねが)いごと	裏(うら)	本当(ほんとう)	何(なん)て
素敵(すてき)だ	金持(かねも)ち	男性(だんせい)	結(むす)ぶ
向(む)こう	引(ひ)く	一年(いちねん)	運勢(うんせい)
紙(かみ)	お参(まい)り	後(あと)で	一緒(いっしょ)に

본 문 해 설

① 人がいっぱいですね。あれ、あそこには、何か飾ってありますね。

- いっぱい : 잔뜩, 뭔가 꽉찬 모양
- あれ : 어머! 어! ≪감탄사≫
- 飾(かざ)ってありますね : 장식되어 있네요 ≪→ 飾(かざ)る≫

何か字が書いてありますね。

何か物がおいてありますね。

② あれは、絵馬と言います。お願いごとを裏に書いてあそこにつるします。

- 絵馬(えま) : 뭔가 소원을 말할 때, 말(馬) 대신 봉납하는 말의 그림
- お願(ねが)いごと : 소원의 말
- 裏(うら) : 뒤(정면에서 보이지 않는 부분) ↔ 表(おもて) : 겉

あれは、まねきねこと言います。

あれは、おめんと言います。

③ そうすると、願いがかないますよ。

- そうすると : 그렇게 하면, 그러면
- 願(ねが)い : 부탁 ≪→ 願う≫

望みがかないますよ。

夢がかないました。

❹ 本当ですか？ じゃ、私も書きます。

- 本当(ほんとう)：정말

じゃ、私も行きます。

じゃ、私も買います。

❺ 何て書きますか。

- 何(なん)て：무엇이라고.「何(なん)と」의 변형

❻ もちろん、素敵でお金持ちの男性と会いたいと書きます。

- 素敵(すてき)：멋진 모양 ≪な형용사≫

親切(しんせつ)でやさしい人と会いたい。

お金持ちでハンサムな人と会いたい。

❼ あ、あの人たちは、何か結んでいますね。あれは何ですか。

- あの人(ひと)たち：저 사람들
  - ▶「~たち」는 복수를 뜻하는 말 (주의：友だち의「たち」에만 탁음이 붙음)
    学生たち(학생들)　　私たち(우리들)

何か食べていますね。

何か見ていますね。

8 あれは、おみくじですよ。向こうで引いたおみくじをあそこに結びます。

- おみくじ : 신사나 절에서 참배객이 길흉을 점쳐보는 제비뽑기

お店で買ったテレビ

自分で作ったかばん

9 一年の運勢が書いてある紙ですよ。お参りをした後で、一緒に引きましょう。

- 書(か)いてある : 쓰여 있다 ≪→ 書(か)く≫
- ～した後(あと)で : ～한 뒤에

授業(じゅぎょう)が終わったあとで

そうじが終わったあとで

연습문제

1. 보기와 같이 쓰고, 읽기 연습을 해 보세요.

> 보기▶ 掃除(そうじ)をしています。→ 掃除(そうじ)がしてあります。
> ローマ字で書いています。→ ローマ字で書いてあります。

① 窓を開けています。 →

② ドアをしめています。 →

③ 切手をはっています。 →

④ 日本語で書いています。 →

⑤ 本をならべています。 →

⑥ 落書(らくがき)を消しています。 →

2. 보기와 같이 쓰고, 읽기 연습을 해 보세요.

> 보기▶ 読む → 読める / 起きる → 起きられる

① 飲む →

② 借りる →

③ 話す →

④ 着る →

⑤ 帰る →

⑥ 歌う →

⑦ する →

⑧ 待つ →

⑨ 泳ぐ →

3. 보기와 같이 쓰고, 읽기 연습을 해 보세요.

보기▶ 歌(うた)を歌(うた)います。→ 歌(うた)が歌(うた)えます。

① ギターをひきます。 → ______

② 日本語で手紙を書きます。→ ______

③ ドイツ語を話します。 → ______

④ お酒を飲みます。 → ______

⑤ インターネットをします。→ ______

⑥ 肉を食べます。 → ______

⑦ 空を飛びます。 → ______

⑧ ゴルフをやります。 → ______

4. 보기와 같이 쓰고, 읽기 연습을 해 보세요.

보기▶ 箱根(はこね)で写真を<u>とりました</u>。→ 箱根で<u>とった</u>写真

① 先生からプレゼントをもらいました。 → ______

② 彼女にお土産をあげました。 → ______

③ ゆうべ 映画を見ました。 → ______

④ コーヒーショップでケーキを食べました。→ ______

⑤ さっき新聞を読みました。 → ______

1. 다음 대화의 밑줄 친 곳을 주어진 단어로 바꾸어 말하는 연습을 하세요.

A : 電気がついていますね。
B : そうですね。だれがつけたんでしょう。
A : わかりませんね。
B : けしましょうか。
A : いいえ、ついているほうがいいです。

① 窓があく / あける / しめる

② ストーブが消える / 消す / つける

③ ドアがしまる / しめる / あける

2. 다음 대화의 밑줄 친 곳을 주어진 단어로 바꾸어 말하는 연습을 하세요.

A : 李さん、ギターがひけますか。
B : ええ、少しはひけますが、あまりうまくひけません。
A : いいですね。私はぜんぜんひけないんです。

① 漢字字典をひく　② 英語の歌をうたう

③ フランス語を話す　④ ゴルフをやる

1. 녹음된 내용을 듣고, ( ) 안의 말을 받아 쓰세요.

① あそこには､何か (   ) ね。

② (   ) を裏に書いてあそこにつるします。

③ 素敵で (   ) の男性と会いたいと書きます。

④ 向こうで (   ) おみくじをあそこに結びます。

2. 녹음된 내용을 듣고, 질문에 답변해 보세요.

① 初詣のとき、どこに行きますか。

→ ____________________

② ソラさんは絵馬になんと書きましたか。

→ ____________________

■「～てある」와「～ている」의 사용법

▷「자동사 + ている」 → 窓がしまっている : 창문이 닫혀 있다.

▷「타동사 + ている」 → 電気をつけている : 전기를 켜고 있다.

▷「타동사 + てある」 → 電気がつけてある : 전기가 켜져 있다.

[자동사] + [て] + [いる] …… 진행 / 상태

＊道を歩いている(길을 걷고 있다) → 진행

＊もう起きている(벌써 일어나 있다) → 상태

・窓がしまっている。 창문이 닫혀 있다.

・電気がついている。 전기가 켜져 있다.

[타동사] + [て] + [いる] …… 진행 / 상태

진행

・テレビを見ている。 텔레비전을 보고 있다.

・新聞を読んでいる。 신문을 읽고 있다.

상태

・くつをはいている。 구두를 신고 있다.

[타동사] + [て] + [ある] …… 상태

＊カタカナで書いてある 가타카나로 쓰여져 있다. → 상태

＊掃除がしてある 청소가 되어 있다 → 상태

다음 두 가지는 상태 표현이라도 차이가 있습니다.
「타동사 + てある」는 상태가 그렇게 되기까지의 과정에 중심(목적을 가지고 의지적으로)을 둔 표현이 되고,「자동사 + ている」는 결과에 중심(목적의지 상관없이)을 둔 표현이 된다고 할 수 있습니다.

こくばんに英語でGOOD BYE!と書いてあった。
칠판에 영어로 '안녕' 이라고 쓰여져 있었다.

ホテルの予約は、もうしてありますので心配しなくてもいいです。
호텔 예약은 벌써 해 두었으니 걱정 안하셔도 좋습니다.

05 成人式(せいじんしき)

▶ 거리를 걷고 있는 소라와 유코

ソラ　今日(きょう)は、着物(きもの)を着(き)ている女(おんな)の子(こ)がたくさんいますね。

由子　1月(いちがつ)の第2(だいに)月曜日(げつようび)だから成人(せいじん)の日(ひ)ですね。成人式に行(い)くんでしょうね。

ソラ　成人式って何(なに)をしますか。

由子　市(し)や町(まち)で、講演会(こうえんかい)を開(ひら)いたり歌手(かしゅ)を呼(よ)んでコンサートをしたりします。

それから、成人(せいじん)を迎(むか)える人(ひと)にいろいろな記念品(きねんひん)もあげます。

成人を迎える人を祝(いわ)う式(しき)です。韓国(かんこく)でもしますか。

주요포인트

「동사 + 체언」, 명사를 수식하는 「~ている + 체언」과, 완료형인 「~た」형으로 명사를 수식하는 「~た + 체언」을 배웁니다.
그리고, 동삭의 나열을 나타내는 「~たり」의 사용과, 「~てみる」의 문형을 배우게 됩니다.

きものを着てみますか。
恵理が着たのがありますよ。

ソラ　韓国ではそのような式は特別(とくべつ)にしません。あ、あの着物、きれいですね。いいなぁ。

由子　ソラさんも、振袖(ふりそで)を着てみますか。家(いえ)に、恵理が着たのがありますよ。

ソラ　本当(ほんとう)ですか。ぜひ着てみたいです。わぁ、嬉(うれ)しい!!

문형

1)「동사 + 체언」: ~하는
成人を迎える人を祝う式 성인을 맞이하는 사람을 축하하는 식

2)「~ている + 체언」: ~하고 있는
着物を着ている女の子 기모노를 입고 있는 여자 어린이

3)「~た + 명사」: ~하던, ~ㅆ던
恵理が着たのがあります。에리가 입었던 것이 있습니다.

4)「~たり ~たり」+ する : ~(하)기도 ~(하)기도 한다
講演会を開いたりコンサートをしたりします。
강연회를 열기도 하고, 콘서트를 하기도 합니다.

5)「~てみる」: ~해 보다
きものを着てみます。기모노를 입어 보겠습니다.

한자표기

成人式(せいじんしき)　着物(きもの)　着(き)る　女(おんな)の子(こ)
第２(だいに)　成人(せいじん)の日(ひ)　市(し)　町(まち)　講演会(こうえんかい)
開(ひら)く　歌手(かしゅ)　呼(よ)ぶ　迎(むか)える　記念品(きねんひん)
祝(いわ)う　特別(とくべつ)　振袖(ふりそで)　本当(ほんとう)　嬉(うれ)しい

본 문 해 설

① 今日は、着物を着ている女の子がたくさんいますね。

- 着物(きもの) : 일본 고유의 의상
- 着(き)ている : 입고 있다 ≪→ 着る≫

帽子(ぼうし)をかぶっている人

② 1月の第2月曜日だから成人の日ですね。成人式に行くんでしょうね。

- 成人式(せいじんしき)に行く : 성인식에 가다
- ～んでしょうね : ~인 것이겠지요

パーティーに行くんでしょうね。

③ 成人式って何をしますか。

- 成人式(せいじんしき)って : 성인식이라고 하면 ▶「~って」: ~이란

人生(じんせい)ってなんだろう。

まねきねこって何ですか。

④ 市や町で、講演会を開いたり歌手を呼んでコンサートをしたりします。

- 市(し)や町(まち) : 시나 마을(동네) ▶「町(まち)」: 우리의 동, 마을, 동네의 뜻을 나타낸다.
- 開(ひら)いたり : 열기도 하고

あのホールではコンサートをしたりします。

雑誌を読んだりテレビを見たりします。

5 それから、成人を迎える人にいろいろな記念品もあげます。

- あげます : 줍니다 ≪→ あげる(주다)≫ ▶ あげる (자신이 남에게) 주다

いろいろなお土産をあげます。

6 韓国ではそのような式は特別にしません。あ、あの着物、きれいですね。いいなぁ。

- いいなぁ : 좋겠구나! 좋겠다! ▶ 「~なぁ」는 영탄조를 나타내는 종조사.

嬉しいなぁ。

7 ソラさんも、振袖を着てみますか。家に、恵理が着たのがありますよ。

- 振袖(ふりそで) : 겨드랑이 밑을 턴 긴 소매의 일본 옷
- ~てみますか : ~해 보겠습니까?
- 恵理が着たの : 에리가 입던 것 ▶ 「~た」의 형태로 「(형식)명사」인 「の」를 수식한다.

私が使ったのがあります。

8 本当ですか。ぜひ着てみたいです。わぁ、嬉しい!!

- 本当(ほんとう) : 정말
- ぜひ : 꼭
- 着てみたい : 입어보고 싶다 ▶ 「着る(입다)」의 「~てみる」형태에 「~たい」가 붙은 모양.

ぜひ会ってみたいです。

ぜひ行ってみたいです。

1. 보기와 같이 쓰고, 읽기 연습을 해 보세요.

보기▶ 着物を着ています。/ 女の子 → 着物を着ている女の子

① テレビを見ています。/ ひと

→

② 眼鏡(めがね)をかけています。/ 男の人

→

③ 椅子にすわっています。/ 女の人

→

④ かばんを持っています。/ 方(かた)

→

2. 보기와 같이 쓰고, 읽기 연습을 해 보세요.

보기▶ テレビを見る。 / 雑誌を読む。 → テレビを見たり雑誌を読んだりします。

① 掃除をする。 / 洗濯をする。

→

② 料理を作る。 / お茶をいれる。

→

③ 散歩をする。 / 友だちに会う。

→

④ 話をする。 / お茶を飲む。

→

⑤ 辞書をひく。 / インターネットで検索をする。

→

1. 다음 대화의 밑줄 친 곳을 주어진 단어로 바꾸어 말하는 연습을 하세요.

A : あの人はだれですか。
B : え、どこですか。
A : あそこに、すわっている 人です。
B : ああ、あの人は私の友達です。

① 立つ / 男の人 / 弟(おとうと)

② 眼鏡をかける / 女の人 / 妹(いもうと)

③ かばんを持つ / 方(かた) / 先生

④ コートを着る / 人 / 兄

2. 다음 대화의 밑줄 친 곳을 주어진 단어로 바꾸어 말하는 연습을 하세요.

A : 昨日はなにをしましたか。
B : テレビを見たり小説を読んだりしました。金さんは?
A : 私は一日中バイトでしたよ。
B : それはたいへんでしたね。

① 映画を見る。 / ドライブに行く。

② お酒を飲む。 / カラオケに行く。

③ レポートを書く。 / 資料(しりょう)をしらべる。

④ 部屋の掃除をする。 / 洗濯をする。

연습문제

1. 녹음된 내용을 듣고, (　) 안의 말을 받아 쓰세요.

① 着物を (　　　　) 女の子がたくさんいますね。

② 1月の (　　　　) だから成人の日ですね。成人式に行くんでしょうね。

③ 講演会を (　　　) 歌手を呼んで (　　　) します。

④ 家に、恵理が (　　　　) がありますよ。

2. 녹음된 내용을 듣고, 질문에 답변해 보세요.

① 日本の成人式はいつですか。

→ ____________________

② 成人式では、多くの女性は何を着ますか。

→ ____________________

보충하기

■ 성별의 표현

- 女(おんな) ↔ 男(おとこ)
- 女(おんな)の人(ひと) ↔ 男(おとこ)の人(ひと)
- 女性(じょせい) ↔ 男性(だんせい)
- 女(おんな)の子(こ) ↔ 男(おとこ)の子(こ)
- 女子(じょし) ↔ 男子(だんし)
- 婦人(ふじん) ↔ 紳士(しんし)
- 雌(めす) ↔ 雄(おす)

■ ～た

「た＋명사」

과거와 결과의 잔존

과거 : あ、家の前に車が止まった。아, 집 앞에 차가 멈췄다.

말하는 사람이 달리다가 차가 멈추기 전의 상태와 멈추는 과정을 알고 있는 경우입니다.

결과의 잔존 : 家の前に車が止まっている。집 앞에 차가 주차되어 있네.

사태직면의 상태와 과정을 잘 모를 때 사용가능합니다. 예를 들면 외출 다녀와서 차가 시동이 안 걸릴 때라던가 등에서 쓰입니다.

夏休みに日本へ行ったときに見ました。여름방학에 일본에 갔을 때 보았습니다.

12月に、日本へ来たときに買いました。12 월에 일본에 왔을 때 샀습니다.

■ 「~てみる」

このたい焼きが食べたい。

이 붕어빵을 먹고 싶다.

このたい焼きが食べてみたい。

이 붕어빵을 먹어보고 싶다.

「食べてみたい」는 어떤 맛이 있는지 맛은 어떤지 먹어보고 싶다의 의미입니다. 따라서 「てみる」는 영어에서 말하는 I will try too. 이지만 그렇지 않은 경우도 있습니다. 예를 들면

お口に合うかどうかよくわかりませんが、どうぞたくさん召し上がってみてください。

입에 맞을지 어떨지 모르겠습니다만, 어서 많이 드세요.

06 温泉(おんせん)

▶ 소라는 호스트 패밀리와 함께 구사츠 온천에 왔다.

初　草津(くさつ)温泉は、日本(にほん)で有名(ゆうめい)な温泉の一つですよ。

由子　神経痛(しんけいつう)や疲労回復(ひろうかいふく)などにも効(き)くし、美容(びよう)にもいいそうですよ。

ソラ　露天風呂(ろてんぶろ)もありますか。

初　はい、大(おお)きな露天風呂がありますよ。雪(ゆき)を見(み)ながら温泉に入ることができます。

ソラ　いいですね。でも、混浴(こんよく)ですか。

주요포인트

남의 말을 전달하는 전문의 표현인 「~そうだ」의 문형과 상황의 나열을 나타내는 「~し」의 사용, 가능의 문형을 나타내는 「~ことができる」, 어떤 경험을 나타내는 「~たことがある」의 문형을 익히며, 「~しか ~ない」의 사용을 배웁니다.

美容にもいいそうですよ。
昔、混浴に入ったことがあります。

由子　ここの露天風呂は混浴じゃありませんよ。

初　私(わたし)は、昔(むかし)、混浴に入ったことがあります。

でも、女性(じょせい)はおばあさんしかいなくて、とても残念(ざんねん)でした。

由子　あら、お父さん、そんな話(はなし)初(はじ)めて聞(き)きました。

문형

1)「활용어 종지형 + そうだ」: ~라 한다

あめがふるそうだ。비가 온다고 한다.
おもしろいそうだ。재미있다고 한다.
しずかだそうだ。조용하다고 한다.
美容にもいいそうです。미용에도 좋답니다.
彼女は日本人だそうです。그녀는 일본인이래요.

2)「활용어 종지형 + し」: ~(하)고, (또한)

疲労回復などにも効くし、
피로회복에도 좋고, (게다가)

3)「동사 기본형 + ことができる」: ~(할) 수 있다

温泉に入ることができます。
온천에 들어갈 수 있습니다.

4)「동사 과거형 + ことがある」: ~(한) 적이 있다

入ったことがあります。들어간 적이 있습니다.

5)「~しか ~ない」: ~밖에 ~없다(~지 않는다)

ひとつしかない。하나밖에 없다.

한자표기

温泉(おんせん)	草津(くさつ)	有名(ゆうめい)だ	神経痛(しんけいつう)
疲労回復(ひろうかいふく)	効(き)く	美容(びよう)	露天風呂(ろてんぶろ)
大(おお)きな	雪(ゆき)	混浴(こんよく)	昔(むかし)
女性(じょせい)	残念(ざんねん)だ	話(はなし)	初(はじ)めて

본 문 해 설

① 草津温泉は、日本で有名な温泉の一つですよ。

- 草津温泉(くさつおんせん) : 구사츠 온천(온천 이름)
  - ▶ 구사츠 온천은 군마현에 있는 일본유수의 온천.

ハルラ山は韓国で有名な山の一つですよ。

これは日本で有名な食べ物の一つですよ。

② 神経痛や疲労回復などにも効くし、美容にもいいそうですよ。

- 効(き)くし : 잘 듣고, 효능이 있고 ≪→ 効く≫
  - ▶ 「~し」는 상황의 첨가를 나타내는데, 「~(하)고 (또한/게다가)」의 뜻을 나타낸다.
- いいそうです : 좋답니다, 좋다고 합니다, 좋대요

日本語もできるし、英語もできます。

ヨガは楽しいし、体にもいいそうです。

③ 大きな露天風呂がありますよ。雪を見ながら温泉に入ることができます。

- 温泉(おんせん)に入る : 온천에 들어가다, 온천탕을 하다
  - ▶ 「お風呂(ふろ)にはいる」는 「목욕을 하다」의 뜻을 나타낸다.
- 温泉に入ることができます : 온천욕을 할 수 있습니다
  - ▶ 「~ことができる」는 동사의 기본형에 붙어서 가능의 뜻을 나타낸다.

漢字の読み方を書くことができます。

ここで泳ぐことができます。

④ いいですね。でも、混浴ですか。

・混浴(こんよく) : 혼욕, 남녀가 같이 들어가 목욕하는 것

いいですね。でも、いくらですか。

いいですね。でも、どこですか。

⑤ ここの露天風呂は混浴じゃありませんよ。

・ここの~ : 여기의~, 여기에 있는~

ここのかばんはだれのですか。

ここのカレーライスはおいしいです。

⑥ 私は、昔、混浴に入ったことがあります。

・混浴に入った : 혼욕탕에 들어가다

▶ 여기서「入(はい)った」는「お風呂に入る(목욕하다)」의「入(はい)る」의 뜻.

高校の時、日本語を習ったことがあります。

昔、富士山に登ったことがあります。

⑦ でも、女性はおばあさんしかいなくて、とても残念でした。

・おばあさん : 할머니

▶「おばあさん(할머니)」와「おばさん(아주머니)」의 발음에 주의!!

これしかありません。

英語しか習いませんでした。

❽ あら、お父さん、そんな話初めて聞きました。

• 初(はじ)めて : 처음

▶ 「はじめて」와 「はじめ」는 우리말로 모두 「처음」이라는 뜻으로 나타나지만, 「はじめて」는 경험상으로, 「はじめ」는 차례(순서)로서의 「처음」을 나타낸다.

日本ははじめてです。

ローマははじめてですか。

연습문제

1. 보기와 같이 쓰고, 읽기 연습을 해 보세요.

보기▶	行きます。	→	行くそうです。
	行きません。	→	行かないそうです。
	行きました。	→	行ったそうです。
	やさしいです。	→	やさしいそうです。
	まじめです。	→	まじめだそうです。
	たいへんでした。	→	たいへんだったそうです。

① 彼は帰りました。 → ______

② お酒は飲みません。 → ______

③ 会いませんでした。 → ______

④ 試験がむずかしいです。 → ______

⑤ 学生時代はまじめでした。 → ______

⑥ おもしろかったです。 → ______

⑦ 前から知っていました。 → ______

⑧ 来月東京へ行きます。 → ______

⑨ 日本人ではありません。 → ______

⑩ 全然わかりませんでした。 → ______

연습문제

1. 녹음된 내용을 듣고, (   ) 안의 말을 받아 쓰세요.

① (   ) もありますか。

② 雪を見ながら(   ) ことができます。

③ 女性はおばあさん(   ) 、とても残念でした。

④ そんな話(   ) 聞きました。

2. 녹음된 내용을 듣고, 질문에 답변해 보세요.

① ソラさんは、どこへ行きましたか。

→ ______________________________

② ソラさんは、誰と一緒に温泉へ行きましたか。

→ ______________________________

■ 전문의「～そうだ」,「～し」

「～そうだ」

활용어의 종지형에 접속되어 전문을 나타내는데, 양태를 나타내는 경우와는 접속이 다릅니다.
「そうだ」이외의 전문표현으로서「ということです」,「とのことです」,「という話です」,「って」등이 있습니다.

* [종지형] + [そうだ] → 전문

[行く]	+	[そうです]	: 간답니다
[むずかしい]	+	[そうです]	: 어렵답니다
[きれいだ]	+	[そうです]	: 깨끗하답니다

・雨がふりそうです。비가 올 것 같습니다.
・雨がふるそうです。비가 온답니다.

・おもしろそうです。재미있을 것 같습니다.
・おもしろいそうです。재미있답니다.

・しずかそうです。조용할 것 같습니다.
・しずかだそうです。조용하답니다.

・大学の教授(きょうじゅ)だそうです。대학교수랍니다.
・大学の教授(きょうじゅ)だったそうです。대학교수였답니다.
・大学の教授(きょうじゅ)ではないそうです。대학교수가 아니랍니다.

양태의 표현은 '지금이라도 그런 일이 일어날 것 같다' 고 하는 현재상황의 판단에 중점을 둔 표현입니다.

・雨がふりそうです。 비가 올 것 같습니다.
・このラーメンはおいしそうです。 이 라면은 맛있을 것 같습니다.

「～し」

활용어의 종지형에 접속되어 어떤 사항의 병렬을 뜻합니다.

・この部屋はひろくて、あの部屋はせまいです。이 방은 넓고, 저 방은 좁습니다.
・この部屋もひろいし、あの部屋もひろいです。이 방도 넓고, 저 방도 넓습니다.

・田中さんは学生で、山田さんは学生ではありません。
다나카 씨는 학생이고, 야마다 씨는 학생이 아닙니다.
・田中さんも学生だし、山田さんも学生です。다나카 씨도 학생이고, 야마다 씨도 학생입니다.

・英語はできますが、ドイツ語はできません。영어는 할 수 있지만, 독일어는 못합니다.
・英語もできるし、ドイツ語もできます。영어도 할 수 있고, 독일어도 할 수 있습니다.
・英語もできないし、ドイツ語もできません。영어도 할 수 없고, 독일어도 못합니다.

07 バレンタインデー

▶ 하지메가 초콜릿을 갖고 귀가한다.

初　ただいま。

ソラ　お父(とう)さん、お帰(かえ)りなさい。その大(おお)きな紙袋(かみぶくろ)は何ですか。

初　これは、全部(ぜんぶ)チョコレートです。ソラちゃんにもあげますよ。好(す)きなのをどうぞ。

ソラ　こんなにたくさんチョコをもらったんですか。お父さんって、会社(かいしゃ)で人気(にんき)があるんですね。

初　いや、全部義理(ぎり)チョコですよ。同(おな)じ会社の女子社員(じょししゃいん)がくれました。

주요포인트

수수동사인「あげる」,「くれる」,「もらう」를 다루게 됩니다.

나(제3자) ↗ さしあげる 손위	나(제3자) ↙ いただく 손위	손위 くださる ↘
나(제3자) → あげる 대등	나(제3자) ← もらう 대등	대등 くれる → 나(가족, 친구)
나(제3자) ↘ やる 아래	나(제3자) ↖ もらう 아래	아래 くれる ↗

会社の上司(じょうし)や同僚(どうりょう)に、感謝(かんしゃ)の意味(いみ)で、チョコを配(くば)るんですよ。

ソラ　そうですか。お父さん、ホワイトデーのお返(かえ)しが大変(たいへん)そうですね。

初　うーん、今から頭(あたま)が痛(いた)いです。ところでソラちゃんは今日、誰(だれ)かにチョコをあげましたか。

ソラ　うふふ、それは秘密(ひみつ)です。

문형

1)「~にあげる」: ~에게 주다

* ソラちゃんにもあげます。

2)「~がくれる」: ~가 주다

* 女子社員がくれました。

3)「~にもらう」: ~에게 받다. →「~がくれる」

* 女子社員にチョコをもらった。→ 女子社員がチョコをくれた。

한자표기

お帰(かえ)りなさい	紙袋(かみぶくろ)	大(おお)きな	全部(ぜんぶ)
好(す)きだ	人気(にんき)	義理(ぎり)	同(おな)じ
女子社員(じょししゃいん)	上司(じょうし)	同僚(どうりょう)	感謝(かんしゃ)
意味(いみ)	配(くば)る	お返(かえ)し	大変(たいへん)だ
頭(あたま)	痛(いた)い	誰(だれ)	秘密(ひみつ)

본문해설

① ソラちゃんにもあげますよ。好きなのをどうぞ。

- 好きなのをどうぞ : 좋아하는 것을 가지세요
  - ▶「好きなの」→「好きな(좋아하는) + の(것)」
  - ▶「どうぞ」는 권유하는 말.

コーヒーをどうぞ。

お先(さき)にどうぞ。

② こんなにたくさんチョコをもらったんですか。

- チョコ :「チョコレート」의 준말 표현

こんなに高いんですか。

友だちに誕生日のプレゼントをもらいました。

③ お父さんって、会社で人気があるんですね。

- お父さんって : 아버지는,「お父さんは」의 강한 표현
  - ▶ 여기서의「~って」는「~と(いうもの)は」의 축약형 표현으로「~(이)라는 것은」,「~(이)란」의 뜻을 나타낸다.「~は」의 강한 뜻이 된다.
- ~んですね : ~인 거군요
  人気があります。인기가 있습니다. → 人気があるんですね。인기가 있는 거군요.

日本って本当に地震が多いんですね。

ヨン様って、日本で人気があるんですね。

④ 全部義理チョコですよ。同じ会社の女子社員がくれました。

- 義理(ぎり)チョコ : 가까운 사람에게 정으로 주는 초콜릿
- 同(おな)じ会社 : 같은 회사 ≪→同(おな)じだ≫
  ▶「同(おな)じだ」는 な형용사이지만,「同(おな)じな~」라고 하지 않는 점에 주의!!

日本人の友だちがおみやげをくれました。

恋人がチョコレートをくれました。

⑤ 会社の上司や同僚に、感謝の意味で、チョコを配るんですよ。

- 感謝(かんしゃ)の意味で : 감사의 뜻으로
- 配(くば)る : 나누어주다, 분배하다

⑥ ホワイトデーのお返しが大変そうですね。

- ホワイトデー : 화이트데이(White day)
- お返(かえ)し : 답례, 거스름

交通(こうつう)が不便(ふべん)そうですね。

仕事が大変そうですね。

⑦ ところで、ソラちゃんは今日、誰かにチョコをあげましたか。

- 誰(だれ)かに : 누군가에게
  ▶「~か」:「~인가」의 뜻으로 의문을 나타내는 말

なにかありますか。

どこかへ行きますか。

연습문제

1. 보기의 예문을 줄을 바꾸어 가며 읽기 연습을 해 보세요.

私は	カレンダー ハンカチ ネクタイ	を	加藤さん 彼女 弟 妹 友だち	に	さしあげました。 あげました。 やりました。

2. 보기와 같이 쓰고, 읽기 연습을 해 보세요.

보기▶ 彼女がマフラーをくれました。→ 彼女にマフラーをもらいました。

① 父がパソコンをくれました。

→ ______

② 母がセーターをくれました。

→ ______

③ 兄がボールペンをくれました。

→ ______

④ 姉がおみやげをくれました。

→ ______

⑤ 誰がネクタイをくれましたか。

→ ______

⑥ 友だちがコンサートの切符をくれました。

→ ______

1. 다음 대화의 밑줄 친 곳을 주어진 단어로 바꾸어 말하는 연습을 하세요.

A : 新(あたら)しいパソコンですね。
B : ええ、この間買ったんです。
A : 前のはどうしたんですか。
B : 古(ふる)くなったから田中さんにあげたんです。
A : そうですか。僕もこれがほしいです。

① 弟にやる　　② 友だちにあげる
③ ナナコさんにあげる　　④ 妹の友だちにあげる

2. 다음 대화의 밑줄 친 곳을 주어진 단어로 바꾸어 말하는 연습을 하세요.

A : いいパソコンですね。どこで買ったんですか。
B : これは買ったんじゃないんです。もらったんです。
A : だれにもらったんですか。
B : 兄にもらったんです。

① 電子辞書 / 父　　② ケータイ / 母
③ かばん / 姉　　④ サングラス / 彼女

연습문제

1. 녹음된 내용을 듣고, (　) 안의 말을 받아 쓰세요.

① その大きな (　　　　) は何ですか。

② これは、全部 (　　　　) です。ソラちゃんにもあげますよ。

③ 会社の (　　　　) に、感謝の意味で、チョコを配るんですよ。

④ (　　　　) が大変そうですね。

2. 녹음된 내용을 듣고, 질문에 답변해 보세요.

① お父さんがバレンタインデーにもらったのはどんなチョコレートでしたか。

→ ______________________________

② チョコレートのお返しはいつしますか。

→ ______________________________

보충하기

■ 수수동사와 관련된 어휘

やる	あげる	さしあげる
	くれる	くださる
	もらう	いただく

■「あげる」「くれる」「もらう」

・あげる

「あげる」는 내(제3자)가 제3자에게 준다는 의미로, 우리말에 「주다」에 해당되지만, 「くれる(주다)」와는 입장이 서로 반대입니다. 즉 「あげる」는 자신의 행위이지만, 「くれる(주다)」는 상대의 행위입니다.

[~に あげる] : ~에게 주다 (자신이 상대에게)
[~が くれる] : ~가 주다 (상대가 자신에게)
[~に もらう] : ~에게서 받다 (상대로부터)

・友だちにあげました。친구에게 주었습니다.
・友だちがくれました。친구가 주었습니다.

パクさんはキムさんにゆびわをあげました。박○○ 씨는 김○○ 씨에게 반지를 주었습니다.

・くれる

「くれる」는 남이 나(나의 가족)에게 줄 때 사용합니다. 항상 받는 쪽이 나(내 쪽)입니다.
山田さんは私にゆびわをくれました。야마다 씨는 나에게 반지를 주었습니다.
정중한 표현으로서는「くださる」표현을 씁니다.
田中先生は私に本をくださいました。다나카선생님은 나에게 책을 주었습니다.

・もらう

「もらう」는 받는 쪽에 포인트가 있습니다. 조사는「に」「から」와 같이 사용되지만, 기관이나 단체로부터 받을 때는 반드시「から」만을 사용합니다. 정중한 표현으로서는「いただく」를 씁니다.

私はキムさんに(から)ゆびわをもらいました。나는 친구에게(로부터) 반지를 받았습니다.
私はパク先生から本をいただきました。나는 박교수님으로부터 책을 받았습니다.
大学から優秀賞をもらいました。대학으로부터 우수상을 받았습니다.

08 ひな祭(まつ)り

▶ 유코와 소라가 차를 마시고 있다.

由子　もうそろそろひな祭りですね。今年(ことし)は、ソラちゃんがいるから、ひな人形(にんぎょう)を飾(かざ)れますね。

ソラ　「ひな祭り」ってどんな祭りですか。

由子　女(おんな)の子(こ)が健康(けんこう)に成長(せいちょう)するために祝(いわ)うお祭(まつ)りです。3月3日(さんがつみっか)に、ひな人形や桃(もも)の花(はな)などを飾ってお祝いします。桜餅(さくらもち)という食(た)べ物(もの)も食(た)べます。

ソラ　女の子のお祭りなんですか。じゃ、男(おとこ)の子(こ)のお祭りもあるんですか。

由子　もちろんありますよ。5月5日(ごがついつか)、こどもの日(ひ)です。武者人形(むしゃにんぎょう)を飾ったり、こいのぼりという大(おお)きな鯉(こい)の形(かたち)をしたもの

주요포인트

설명을 구하거나 설명을 할 때 쓰는「~んです」의 사용을 배웁니다.

1. 설명을 구하거나 설명을 할 때 どうしておくれたんですか。
   ごめんなさい。バスが来なかったんです。
2. 주장 でも、私は行きたいんです。
3. 명령 さっさと歩くんだ。

を飾ったりします。

この日(ひ)には、かしわもちが食べられます。

ソラ　そうですか。韓国(かんこく)では、5月5日がこどもの日で、男の子と女の子、一緒(いっしょ)にお祝いしますよ。

由子　へえ。似(に)ているけど、違(ちが)うんですね。韓国では、特別(とくべつ)な食べ物はあるんですか。

ソラ　特(とく)にないですが、家族(かぞく)で美味(おい)しいごちそうを食べますよ。

문 형

1) 가능동사

① 行く → 行ける = 行くことができる
② 食べる → 食べられる = 食べることができる
③ 来る → 来られる = 来ることができる

2)「似ている」: 비슷하다, 닮았다 ≪→ 似(に)る≫

父に似ている。아버지를 닮았다.

3)「동사 기본형 + ために」

成長するために祝うお祭りです。
성장하기 위해 축하하는 행사입니다.

4)「활용어의 연체형 + んです」

どこへ行きますか。어디 갑니까?
→ どこへ行くんですか。어디 가는 겁니까?
さむいです。춥습니다.
→ さむいんです。추운 겁니다.
しずかです。조용합니다.
→ しずかなんです。조용한 겁니다.

한자표기

ひな祭(まつ)り	今年(ことし)	人形(にんぎょう)	飾(かざ)る
健康(けんこう)	成長(せいちょう)	祝(いわ)う	お祭(まつ)り
桃(もも)の花(はな)	桜餅(さくらもち)	こどもの日(ひ)	武者人形(むしゃにんぎょう)
大(おお)きな	鯉(こい)	形(かたち)	似(に)る
違(ちが)う	特別(とくべつ)	特(とく)に	美味(おい)しい

본 문 해 설

1 もうそろそろひな祭りですね。今年は、ソラちゃんがいるから、ひな人形が飾れますね。

- もう : 이제, 벌써, 이미
  ▶ もう行きましょう。이제 갑시다.
  もう行きました。벌써(이미) 갔습니다.
  もう一度 다시 한번, 한번 더
- ひな祭(まつ)り : 3월 3일 인형을 제단에 장식하고 지내는 여자어린이를 위한 축제
- 飾(かざ)れますね : 장식할 수 있겠네요
  ▶ 「飾(かざ)れる」는 「飾(かざ)る : 장식하다」의 가능형
  ※가능형 만들기
  1류 동사 -u → -eru　　3류 동사 くる → こられる, する → できる
  2류 동사 -ru → -rareru

納豆が食べられますか。

2 女の子が健康に成長するために祝うお祭りです。

- 健康(けんこう): 건강
- 成長(せいちょう)するために: 성장하기 위하여
  ▶ 「~ために」는 동사에는 기본형에 접속이 되지만, 명사의 경우에는 「~のために」의 형태로 접속된다. 뜻은 「~(하)기 위하여」「~때문에」의 뜻을 나타낸다.

留学のために日本語を勉強します。

3 3月3日に、ひな人形や桃の花などを飾ってお祝いします。

- お祝(いわ)いします: 축하합니다 「祝(いわ)う」의 겸양표현

④ 桜餅という食べ物も食べます。

- 桜餅(さくらもち)：밀가루반죽을 얇게 구워 팥을 넣어 소금에 절인 벚꽃 잎으로 싼 떡
- ~という食べ物：~라고 하는 음식

チュソクにはソンピョンというもちを食べます。

⑤ 女の子のお祭りなんですか。じゃ、男の子のお祭りもあるんですか。

- お祭りなんですか：「お祭りですか」의 강한 표현
- あるんですか：「ありますか」의 강한 표현

⑥ もちろんありますよ。5月5日、こどもの日です。

- 5月5日(ごがついつか)：5월 5일 ≪제3과 「보충하기」의 「날짜 읽기」 참조≫

A：予習はしましたか。

B：はい、もちろんです。

⑦ 武者人形を飾ったり、こいのぼりという大きな鯉の形をしたものを飾ったりします。

- こいのぼり：어린이날 아들이 있는 집에 다는 잉어 모양의 깃발
- 形(かたち)をしたもの：모양(형태)을 한 것
  - ▶ 形(かたち)をする：형태를 하다, 형태를 갖추다

キムチの形をしたキーホルダー

8 この日には、かしわもちが食べられます。

- かしわもち(柏餅) : 떡갈나무잎으로 싼 팥소가 든 찰떡. 5월 단오 때 먹음.
- ~が食べられます : ~을 먹을 수 있습니다
  - ▶「食べられる」는,「食べる」의「られる」형태의 가능형이며, 이때 조사「을/를」이 필요할 경우「が」가 이용되는 점에 주의 !!

日本語が話せますか。

お酒が飲めますか。

9 へえ。似ているけど、違うんですね。韓国では、特別な食べ物はあるんですか。

- へえ : (놀라는 표정으로)「あ、そうですか」라는 기분을 나타내는 말
- 似(に)ている : 닮다, 비슷하다 ≪→ 似(に)る≫
  - ▶ 상태동사로 상태를 나타내는 경우,「~ている」의 형태로 나타낸다.
    疲(つか)れる(피곤해 지다) → 疲(つか)れている(피곤하다)

10 特にないですが、家族で美味しいごちそうを食べますよ。

- 家族(かぞく)で : 가족으로, 가족이 함께
  - ▶ 여기서의「~で」는 전부, 모두를 나타내는 말로 쓰였다.

おいしい食べもの

美しい景色

연습문제

1. 보기와 같이 쓰고, 읽기 연습을 해 보세요.

보기▶ 行く → 行ける → 行くことができる

① 飲む →

② 話す →

③ 歩く →

④ 打つ →

⑤ 眠る →

⑥ 食べる →

⑦ 起きる →

⑧ 寝る →

⑨ 来る →

⑩ する →

2. 보기와 같이 쓰고, 읽기 연습을 해 보세요.

보기 ▶ 試験がむずかしいです。→ 試験がむずかしいんです。
昨日はあつかったです。→ 昨日はあつかったんです。
あまり高くありません。→ あまり高くないんです。

① 本当におもしろいです。 →

② 先週はいそがしかったです。 →

③ あまりおもしろくありません。 →

④ 荷物(にもつ)がおもかったです。 →

3. 보기와 같이 쓰고, 읽기 연습을 해 보세요.

보기 ▶ ここはしずかです。 → ここはしずかなんです。
彼は元気でした。→ 彼は元気だったんです。
彼は元気じゃありません。→ 彼は元気じゃないんです。

① お酒がすきです。

→

② 高校の時はまじめでした。

→

③ 便利(べんり)でした。

→

④ あまり上手(じょうず)ではありません。

→

4. 보기와 같이 쓰고, 읽기 연습을 해 보세요.

보기 ▶ 行きます。 → 行くんです。
読みません。→ 読まないんです。
休みました。→ 休んだんです。
来ませんでした。→ 来なかったんです。

① よく知りません。 →

② 毎日つかれています。 →

③ なんにもわかりませんでした。 →

④ 友だちがまっています。 →

⑤ 日曜はうちにいます。 →

⑥ お酒を飲みました。 →

1. 다음 대화의 밑줄 친 곳을 주어진 단어로 바꾸어 말하는 연습을 하세요.

A : 金さんが運転してみたらどうですか。
B : えっ、私ですか。私は運転することはできませんよ。
A : そうですか。運転ができないんですか。
B : ええ、すみません。

① 作(つく)る / 人形(にんぎょう)を作る / 作れる

② ひく / ギターをひく / ひける

③ 歌(うた)う / 歌(うた)を歌う / 歌える

④ 教(おし)える / 英語(えいご)を教える / 教えられる

2. 다음 대화의 밑줄 친 곳을 주어진 단어로 바꾸어 말하는 연습을 하세요.

A : 今日はこれで失礼します。
B : えっ、山田さんは飲まないんですか。
A : ええ。ちょっと用(よう)があるんです。
B : あ、そうですか。

① 体の具合がわるいです。

② 国(くに)から母が来ます。

③ 明日試験があります。

④ 友だちが待っています。

09 お花見(はなみ)

▶ 소라와 하지메 씨가 공원에서 산책을 하고 있다.

ソラ　桜(さくら)がきれいですね。

初　そうですね。そろそろお花見の季節(きせつ)ですね。今年(ことし)も楽(たの)しみだな。

ソラ　お花見って、桜の下(した)でごちそうを食(た)べたり、お酒(さけ)を飲(の)んだり、カラオケをしたりするんですよね。

初　そうですね。つまり、桜を見(み)ながら宴会(えんかい)するわけですよ。

ソラ　「花(はな)より団子(だんご)」という言葉(ことば)もありますよね。

주요포인트

여기서는 까닭 · 이유 · 사정을 나타내는 「~わけだ」의 표현과 가정형의 하나인 「~なら」의 사용, 「~ 때문에 / ~을 위하여」의 뜻을 나타내는 「~ために」의 사용, 그리고, 종조사인 「~だな」와 「~よね」의 사용을 배웁니다.

いつも遅刻をするから、先生にしかられるわけだ。

初　ははは。でも、いい場所(ばしょ)をとるために徹夜(てつや)する人(ひと)もいるそうですよ。

ソラ　ええ! そうなんですか。韓国(かんこく)でもお花見をしますけど、それほどではないですね。

初　へえ、やっぱり韓国も桜の名所(めいしょ)があるんですか。

ソラ　ええ。ソウルならヨイドやナムサン、それから地方(ちほう)ではジンへの桜が有名(ゆうめい)です。

문 형

行く
行かない
行った
行かなかった　＋　わけだ
＊元気な

한자표기

お花見(はなみ)	桜(さくら)	季節(きせつ)	今年(ことし)
楽(たの)しみ	お酒(さけ)	飲(の)む	宴会(えんかい)
団子(だんご)	言葉(ことば)	場所(ばしょ)	徹夜(てつや)
韓国(かんこく)	名所(めいしょ)	地方(ちほう)	有名(ゆうめい)だ

본문해설

① 桜がきれいですね。

- 桜(さくら) : 벚나무, 벚꽃

② そろそろお花見の季節ですね。今年も楽しみだな。

- 今年(ことし) : 금년, 금년에
- 楽(たの)しみだな : 기대가 되는데
  → 楽(たの)しみ : 즐거운 마음으로 기대하는 모양

給料日を楽しみにしている。

先生と会える日を楽しみにしています。

③ お花見って、桜の下でごちそうを食べたり、お酒を飲んだり、カラオケをしたりするんですよね。

- お花見って : 꽃놀이라고 하면 →「お花見というのは」
  ▶「~って」는「~というのは」의 뜻을 나타낸다.

④ そうですね。つまり、桜を見ながら宴会するわけですよ。

- 宴会(えんかい)するわけです : 파티(연회)를 하는 것(셈)입니다
  ▶「わけ」: 이유 · 까닭 등을 나타내는 말

ああ、それでおいしいわけですね。

この問題は昨日勉強したばかりだから、みんなよくわかるわけですね。

⑤「花より団子」という言葉もありますよね。

- 「花(はな)より団子(だんご)」: 꽃보다는 경단
  - ▶ 이 말은 우리말의 「금강산도 식후경」이라는 속담에 해당하는 말이다.
- ~という言葉(ことば): ~라고 하는 말

6 ははは。でも、いい場所をとるために徹夜する人もいるそうですよ。

- ははは : 웃음소리를 나타내는 의성어
- ~そうです : ~랍니다 ≪전문≫

彼女のために花を買いました。

生きるために食べています。

7 そうなんですか。韓国でもお花見をしますけど、それほどではないですね。

- ~けど : ~지만
- それほどではない : 그 정도는 아니다

8 へえ、やっぱり韓国も桜の名所があるんですか。

- へえ : 그렇군요 (감탄사)
- 名所(めいしょ) : 명소

A : 天ぷらはポルトガル語ですよ。

B : へえ。

9 ソウルならヨイドやナムサン、それから地方ではジンヘの桜が有名です。

- ヨイドやナムサン : 여의도나 남산, 여의도랑 남산

ビビンパプなら全州が有名です。

연습문제

1. 보기와 같이 쓰고, 읽기 연습을 해 보세요.

보기▶	行きます	→	行くわけですね
	飲みました	→	飲んだわけですね

① 休みます →

② 会いました →

③ 来ません →

④ お金がありません →

⑤ 買いませんでした →

⑥ 売れます →

2. 보기와 같이 쓰고, 읽기 연습을 해 보세요.

보기▶	英語を話す。	→	英語なら話せます。
	ラーメンを食べる。	→	ラーメンなら食べられます。

① ギターをひく →

② ビールを飲む →

③ ひらがなを書く →

④ 日本語を教える →

⑤ ワープロを打つ →

⑥ 近くへ行く →

1. 다음 대화의 밑줄 친 곳을 주어진 단어로 바꾸어 말하는 연습을 하세요.

A：どうしたんですか。
B：ええ、体の具合が悪いんです。
A：それで早く帰るわけですね。
B：ええ。すみません。

① 今日の飲み会に行かない。　② お酒を飲まない。
③ 明日休む。　④ 昨日来なかった。

2. 다음 대화의 밑줄 친 곳을 주어진 단어로 바꾸어 말하는 연습을 하세요.

A：パソコンを買うんですか。
B：はい、でも、やすいのなら、買えますが、高いのは買えないだろうと思います。

① 車を買う / 小さいの / 大きいの
② お酒を飲む / ビール / 焼酎(しょうちゅう)
③ このパンを食べる / 半分(はんぶん) / 全部(ぜんぶ)
④ ドライブに行く / 近(ちか)く / 遠(とお)く

연습문제

1. 녹음된 내용을 듣고, ( ) 안의 말을 받아 쓰세요.

① そろそろお花見の季節ですね。今年も (　　　　) だな。

② 桜の下で (　　　　) お酒を飲んだり、カラオケをしたりするんですよね。

③ (　　　　) という言葉もありますよね。

④ 韓国でもお花見をしますけど、(　　　　) ではないですね。

2. 녹음된 내용을 듣고, 질문에 답변해 보세요.

① 日本のお花見はどんなことをしますか。

→ ______

② 日本ではいい場所を取るために何をしますか。

→ ______

보충하기

■ ～わけだ

1. 이유

A: 今年は米(こめ)のできがよくなかった。올해는 쌀 수확이 좋지 않았다.

B: 冷夏だったわけだ。여름이 덥지 않았기 때문이다.

2. (화자의) 결론

いつも遅刻するから先生にしかられるわけです。

언제나 지각하기 때문에 선생님에게 혼나는 것이지요.

3. (화자의) 납득

A: どうしたの？ 어찌된 일이지요?

B: 先生にしかられたの。선생님에게 혼났어요.

A: どうして？ 왜요?

B: 宿題してこなかったから。숙제 안 해가서요.

A: ああ、それでしかられたわけですね。아, 그래서 혼난 거군요.

■ ～なら

회화체적인 문에서 많이 사용되며, 전문과 후문 사이 시간적 전후관계가 필요 없으며, 가정조건에서도 사용됩니다.

1. 주제

ビールなら、生ビール。맥주라면 생맥주.

2. 앞 문장 받아 사용할 때

A: 日本語ができる方はいませんか。일본어를 할 수 있는 분 있어요?

B: 日本語なら私も少しできますが。일본어라면 저도 약간 할 수 있습니다만.

3. 가정조건

キムさんが来るなら、授業は盛り上がるだろう。김○○ 씨가 온다면, 수업은 활발할텐데.

10 アルバイトの面接(めんせつ)

▶ 편의점에서

ソラ　すみません。アルバイト募集(ぼしゅう)の広告(こうこく)を見て来たんですけど…。

竹井　ああ、バイトですか。今、店長(てんちょう)を呼(よ)んできますね。店長!!

・・・・・・・・・・・・・・・・・

松崎　はじめまして。店長の松崎(まつざき)です。

ソラ　キム・ソラと言います。あの、私、韓国人留学生(りゅうがくせい)なんですけど、ここでバイトができますか。

松崎　日本人じゃなくてもいいですが、日本語は大丈夫(だいじょうぶ)ですか。

주요포인트

예정을 나타내는 「~つもり」에 접속하여 사용하는 문형을 배우며,
동사 미연형의 사용을 「~なくても いい」의 형태로 알아봅니다.
그리고, 「~てもらえる」의 형태로 어떤 의뢰를 나타내는 표현을 배우며, 「~たら」형의 가정을 배웁니다.

私は行くつもりです。
ちょっと教えてもらえますか。

ソラ　はい、大丈夫だと思います。一生懸命(いっしょうけんめい)、頑張(がんば)るつもりです。

松崎　そうですか。大丈夫そうですね。時間(じかん)は何時(なんじ)から何時までできますか。

ソラ　2時以降(いこう)でしたら、何時からでも大丈夫です。

松崎　じゃあ、3時から8時まで入ってもらえますか。分からないことがあったら、私に聞(き)いてください。

ソラ　はい、よろしくお願(ねが)いします。

문 형

(1)「동사＋なくても いい」: ~(지)않아도 된다　日本人じゃなくてもいい。
(2)「동사＋たら」: ~라면, ~였다면, ~(하)거든　2時間以降でしたら、何時からでも大丈夫です。
(3)「동사＋~てもらう」: ~해 받는다, (상대가)해 주다
(4)「동사＋~てもらえるか」: ~할 수 있다 (의뢰)　8時まで入ってもらえますか。

한자표기

面接(めんせつ)	募集(ぼしゅう)	広告(こうこく)	店長(てんちょう)
呼(よ)ぶ	韓国人(かんこくじん)	留学生(りゅうがくせい)	日本人(にほんじん)
日本語(にほんご)	大丈夫(だいじょうぶ)だ	一生懸命(いっしょうけんめい)	頑張(がんば)る
時間(じかん)	何時(なんじ)	以降(いこう)	お願(ねが)い

| 본 | 문 | 해 | 설 |

1 アルバイト募集の広告を見てきたんですけど。

- 見てきた : 보고 왔다
  - ▶ 「~てくる」: ~(하)고 오다

ごはんを食べてきました。

宿題をやってきました。

2 ああ、バイトですか。今、店長を呼んできますね。店長 !!

- 呼んできます : 불러 오겠습니다

私が持ってきます。

宿題をやって来ました。

3 店長の松崎です。

- 店長(てんちょう)の松崎(まつざき) : 점장인 마츠자키
  - ▶ 「~の~」에서 「の」는 동격을 나타낸다.

先輩の竹井さん

友だちの金さん

4 あの、私、韓国人留学生なんですけど、ここでバイトができますか。

- 留学生(りゅうがくせい)なんですけど : 유학생입니다만
  - 「~んです」의 문형으로 상황설명의 뜻을 나타낸다.

バイトは初めてなんですけど、大丈夫ですか。

5 日本人じゃなくてもいいですが、日本語は大丈夫ですか。

辞書を引かなくても分かります。

6 大丈夫だと思います。一生懸命、頑張るつもりです。

- 大丈夫だと思います : 괜찮다고 생각합니다
  - 「~と思う」: ~라고 생각한다

彼女は美しいと思います。

あれは彼の車だと思います。

7 大丈夫そうですね。時間は何時から何時までできますか。

- 大丈夫そうです : 괜찮을 것 같군요
  - 여기서의 「~そうだ」는 양태의 뜻을 나타낸다.

うれしそうですね。何かありましたか。

元気そうで何よりです。

⑧ 2時以降でしたら、何時からでも大丈夫です。

- 以降(いこう)でしたら : 이후라면
  ▶「~でしたら」:「~です」의 가정형

暇でしたら、連絡してください。

⑨ 3時から8時まで入ってもらえますか。分からないことがあったら、私に聞いてください。

- 入ってもらえますか : (상대에게)들어와 받을 수 있습니까?
  (들어와 줄 수 있습니까?)
- 分からないことがあったら : 모르는 것이 있으면

漢字で書いてもらえますか。

分からないことがあったら、先生に聞いてください。

困ったことがあったら、ここに電話してください。

연습문제

1. 보기와 같이 쓰고, 읽기 연습을 해 보세요.

> 보기▶ 電話をかける → 電話はかけなくてもいいです。

① お酒を飲む。 →

② そんなに急(いそ)ぐ。 →

③ ストーブをつける。 →

④ メールを送(おく)る。 →

⑤ 煙草をすう。 →

⑥ 毎日する。 →

⑦ 明日来る。 →

⑧ いま払(はら)う。 →

2. 보기와 같이 쓰고, 읽기 연습을 해 보세요.

> 보기▶ 先輩が論文の資料を送ってくれました。
> → 先輩に論文の資料を送ってもらいました。

① 彼が電話番号を教えてくれました。

→

② 母がセーターを編(あ)んでくれました。

→

③ 彼がかばんを買ってくれました。

→

④ 姉の友だちがきれいな人形を作ってくれました

→

⑤ 父がパソコンを買ってくれました。

→

⑥ これはだれが見てくれましたか。

→

1. 다음 대화의 밑줄 친 곳을 주어진 단어로 바꾸어 말하는 연습을 하세요.

A：それじゃ、メールを送りましょうか。
B：メールは送らなくてもいいですよ。
A：そうですか。
B：ええ、そんなに急(いそ)ぐもんじゃないですから。

① ノートパソコンを買う。 ② 鈴木さんに電話をかける。
③ あした来る。 ④ すぐ始(はじ)める。
⑤ 彼を呼(よ)ぶ。 ⑥ いま予約(よやく)をする。

2. 다음 대화의 밑줄 친 곳을 주어진 단어로 바꾸어 말하는 연습을 하세요.

A：このレポートは自分で書いたんですか。
B：いいえ、兄に書いてもらったんです。
A：そうですか。いつもお兄さんに書いてもらうんですか。
B：いいえ、たいていは自分で書きますが、今回だけ書いてもらったんです。

① 資料(しりょう)を調べる。
② コーヒーをいれる。
③ 料理(りょうり)を作る。
④ 部屋(へや)の掃除(そうじ)をする。

1. 녹음된 내용을 듣고, (　) 안의 말을 받아 쓰세요.

① 私、(　　　　) なんですけど、ここでバイトができますか。

② 日本人 (　　　　) いいですが、日本語は大丈夫ですか。

③ はい、大丈夫だと思います。一生懸命、(　　　　) です。

④ じゃあ、3時から8時まで (　　　　) 。

2. 녹음된 내용을 듣고, 질문에 답변해 보세요.

① ソラさんはどこでバイトをしますか。

→ ____________________

② バイトは何時間しますか。

→ ____________________

보충하기

■ ~たら

장래에 일어날 수 있는 하나의 사건에 대하여 그와 같이 되었을 때는 어떻게 해야 하나 하는 가정조건입니다.

あたたかくなったら、花見に行きます。
　　　　　　　　　　行きましょう。
　　　　　　　　　　つれて行ってください。
　　　　　　　　　　行った方がいいです。

과거

(1) **발견** 冷蔵庫を開けてみたらビールがあった。냉장고를 열어보았더니, 맥주가 있었다.
(2) **우연** ロトを買ったら、3億に当たった。 로또를 샀는데, 3억에 당첨되었다.
(3) **계기** このボタンを押したら、急に動き出した。 이 단추를 눌렀더니, 갑자기 움직이기 시작했다.

비과거

(1) **가정조건** 雨が降ったら、行きません。비가 오면 안 갑니다.
(2) **확정조건** ご飯ができたら、呼んでください。밥이 다되면 불러주세요.
(3) **종조사적용법** とにかく行ってみたら。아무튼 가보면 어때요?

▶ 「つもり」는 동사의 기본형에 접속되는 경우, 「예정・생각」등의 뜻을 나타냅니다.
같은 표현으로 「予定」도 있습니다.
「つもり」는 자신의 입장 표명, 생각, 작정일 때 쓰이지만, 「予定」는 공식적으로 알려진 행사의 예정, 미리 예정된 것에 주로 쓰입니다. 어떤 때는 「つもり」보다는 「予定」를 사용하면 공손한 경우가 있습니다.

＊先生はいつ日本へいらっしゃる予定ですか。

・あさっての土曜日はドライブに行くつもりです。
　모레 토요일에는 드라이브하러 갈 생각입니다.

・サッカー観戦に行く予定がありますか。축구 구경하러 갈 예정입니까?

■ 일본에서 볼 수 있는 표지판

駐車禁止
ちゅうしゃきんし

주차금지, 주차금지 구역을 나타내는 표시다.

立入禁止
たちいりきんし

출입금지, 안으로 들어가지 말라는 표시다.

触るな
さわるな

촉수금지, 만지지 말라는 표시다.

禁煙
きんえん

금연, 금연 구역임을 나타내는 표시다.

火気厳禁
かきげんきん

화기엄금, 불의 사용을 금한다는 표시다.

飲食禁止
いんしょくきんし

먹고 마시는 것을 금한다는 표시다.

録音禁止
ろくおんきんし

녹음금지, 녹음을 금한다는 표시다.

撮影禁止
さつえいきんし

촬영금지, 촬영을 금한다는 표시다.

足下注意
あしもとちゅうい

발 밑을 주의하라는 표시다.

頭上注意
ずじょうちゅうい

머리 위를 주의하라는 표시다.

11 ゴールデンウィーク

▶ 편의점에서

竹井　来週(らいしゅう)から、ゴールデンウィークですね。

ソラ　ゴールデンウィーク？ 何ですか、それ。

竹井　大型連休(おおがたれんきゅう)のことですよ。4月29日から5月5日までの一週間(いっしゅうかん)、祝日(しゅくじつ)が4日もあります。

土日(どにち)を合わせると、5連休(ごれんきゅう)になることもあるんですよ。

ソラ　すごいですね。

주요포인트

「명사 + のこと」의 형태로 나타나는 문형과, 「と」형의 가정형을 배웁니다.

1. 전문에 이어 후문 계속 メールを出すと、すぐ返事が来ます。
2. 일반적인 결과 2と3を足すと、5になります。
3. 반복(습관) 朝起きると、牛乳を飲みます。

竹井　会社によっては、十日間(とおかかん)くらい休(やす)むところもあります。この期間(きかん)はどこに行っても人でいっぱいですよ。

ソラ　ふーん。そうですか。竹井さんは、どこか行きますか。

竹井　僕ですか？ 僕はお金がないから、毎日バイトですよ。でも、来年(らいねん)は海外旅行(かいがいりょこう)に行きたいですね。

문 형

(1)「명사 + のことです」: ～에 대한 것입니다
(2)「수량 + も ある」: ～이나 있다
　子供が三人もいる。아이가 세 명이나 있다.
(3)「동사 기본형 + と」: ～하면 ≪가정≫
　土日を合わせると 토, 일을 합치면
(4)「명사 + によっては」: ～에 따라서는
　場合によっては 경우에 따라서는

한자표기

来週(らいしゅう)	大型連休(おおがたれんきゅう)	一週間(いっしゅうかん)
祝日(しゅくじつ)	土日(どにち)	合(あ)わせる
連休(れんきゅう)	会社(かいしゃ)	十日間(とおかかん)
休(やす)む	期間(きかん)	僕(ぼく)
毎日(まいにち)	来年(らいねん)	海外旅行(かいがいりょこう)

본 문 해 설

① 来週から、ゴールデンウィークですね。

- ゴールデンウィーク : 황금연휴(golden week)

② 大型連休のことですよ。4月29日から5月5日までの一週間、祝日が4日もあります。

- 大型連休(おおがたれんきゅう)のこと : 휴무가 연속으로 계속되어 길게 연휴가 되는 것 ▶「~のこと」: ~에 관한 것
- 祝日(しゅくじつ) : 국경일
- 4日(よっか)もあります : 4일이나 됩니다
  ▶「数詞+も」: ~이나 (수량을 강조)

昨日(きのう)のことを日記(にっき)に書きました。

あの映画は二度も見ました。

③ 土日を合わせると、5連休になることもあるんですよ。

- 土日(どにち)を合わせると : 土, 日을 합하면
- 5連休(ごれんきゅう)になる : 5일의 연휴가 된다
  ▶「~になる」: ~이/가 되다
- ~こともある : ~(하)는 일(경우)도 있다

時々失敗することもある。

④ すごいですね。

- すごい : 굉장하다 ≪い형용사≫

⑤ 会社によっては、十日間くらい休むところもあります。

- ~によっては : ~에 따라서는, ~에 의해서는
- 十日間(とおかかん)くらい : 10일간 정도

場所(ばしょ)によって違います。

場合によっては行かなくてもいいです。

⑥ この期間はどこに行っても人でいっぱいですよ。

- 人でいっぱいです : 사람으로 꽉 찹니다
  - ▶ いっぱい : 가득 찬 모양을 나타내는 말

⑦ ふーん。そうですか。竹井さんは、どこか行きますか。

- どこか : 어딘가

⑧ 僕はお金がないから、毎日バイトですよ。でも、来年は海外旅行に行きたいですね。

- 旅行に行きたい : 여행을 가고 싶다
  - ▶ 旅行に行く : 여행을 가다

来年はアメリカに行きたいですね。

夏休みには日本に行きたいですね。

연습문제

1. 보기와 같이 쓰고, 읽기 연습을 해 보세요.

보기▶ 映画 / 二本 / 見る → 映画を二本も見ました。

① お酒 / 三本 / 飲む →

② 学生 / 四十人 / いる →

③ 仕事 / 一ヶ月 / かかる →

④ 靴(くつ) / 十足 / ある →

⑤ 試験 / 五回 / 受ける →

⑥ 距離(きょり) / 100 キロ / ある →

2. 보기와 같이 쓰고, 읽기 연습을 해 보세요.

보기▶ 春(はる)になる / 花が咲(さ)く → 春(はる)になると花が咲(さ)きます。

① 歩(ある)く / 健康(けんこう)にいい

→

② 地下鉄(ちかてつ)に乗る / 遠回(とおまわ)りになる

→

③ お酒を飲む / 顔が赤くなる

→

④ 図書館(としょかん)に行く / 彼に会える

→

1. 다음 대화의 밑줄 친 곳을 주어진 단어로 바꾸어 말하는 연습을 하세요.

A : 昨日はたいへんでしたよ。
B : どうしたんですか。
A : 近所(きんじょ)で火事(かじ)があったんです。
B : そうですか。
A : 家が三軒(さんげん)もやけたんです。
B : そうですか。たいへんでしたね。

① 被害(ひがい) / 一億(いちおく) / ある

② 人 / 四人 / なくなる

③ 消防車(しょうぼうしゃ) / 五台(ごだい) / 来る

④ 人 / 数十人(すうじゅうにん) / けがをする

2. 다음 대화의 밑줄 친 곳을 주어진 단어로 바꾸어 말하는 연습을 하세요.

A : そうですか。そんなに休むんですか。
B : ええ、会社によっては、十日間くらい休むところもありますよ。
A : すごいですね。

① 高い / 場所(ばしょ) / もっと高いところ

② かかる / 場合(ばあい) / 一ヶ月もかかる工事

③ 集まる / 時(とき) / 何百人も集まる場合

④ 飲む / 調子(ちょうし) / 十本くらい飲むこと

1. 녹음된 내용을 듣고, (　) 안의 말을 받아 쓰세요.

① (　　　　) って何ですか、それ。

② (　　　　) 5 月5日までの一週間、祝日が4日もあります。

③ 会社によっては、(　　　　) 休むところもあります。

④ 来年は (　　　　) に行きたいですね。

2. 녹음된 내용을 듣고, 질문에 답변해 보세요.

① ゴールデンウィークとはなんですか。

→ ____________________

② 竹井さんはゴールデンウイークにどこかへ行きますか。

→ ____________________

보충하기

■ 명사+のこと

어떤 것이 하나의 개체가 아니라 그것을 둘러싼 사정, 추억, 시간 등의 향수같은 것이 스며들어 전부 다 일컬어 하는 말입니다.

私のこと好き？ 나 좋아해?
あなたのことは一生忘れない。당신을 평생 잊을 수 없어
パーティーのこと、もう先生に言った? 파티말이야, 벌써 선생님에게 말했니?

■ と

특정의 사람과 물건의 습관, 동작의 반복을 나타낸다.「必ず、いつも、毎年」과 같이 반복의 부사와 자주 사용됩니다.

전문에 이어 후문 계속
玄関のベルを押すと若い女の人が出てきた。현관 초인종을 누르자, 젊은 여자가 나왔다.
人が前に立つと、ドアが開きます。사람이 앞에 서면 문이 열립니다.

일반적인 결과
戦争になると、たいへんです。전쟁이 일어나면 큰일입니다.
このボタンを押すとドアが開きます。이 단추를 누르면 문이 열립니다.

반복(습관)
あのころは一日働くと、一ヶ月遊んで暮らせたものです。
그 때는 하루 일하면 1달을 놀고 먹을 수 있었지요.

서두
はっきり言うと、日本の政治には哲学がない。확실히 말하면, 일본의 정치에는 철학이 없다.
正直いうと　솔직히 말하면
実を言うと 사실을 말하면
昨年に比べると 작년에 비하면

12 結婚式

▶ 아르바이트가 끝나고

ソラ　昨日、神社に行ったら、結婚式をしていました。

梅田　そうですか。今は6月ですから、ジューンブライドですね。私も再来週、友達の結婚式に招待されているんです。

ソラ　いいですね。私も行ってもいいですか。日本の結婚式を一度見てみたいです。

梅田　うーん、それはちょっと…。日本の結婚式は招待されないと、行ってはいけないんです。

주요포인트

(ら)れる는 수동, 존경, 가능, 자발이 있습니다. 그 중에서 동사의 「受け身(수동형)」에 대한 공부를 합니다.

先生は生徒をしかった。(능동문)

生徒は先生にしかられた。(수동문)

ソラ　ええ？ 韓国では、誰(だれ)でも行けるのに…。

梅田　日本では、招待する人はお客さんのために、ごちそうやお土産(みやげ)まで用意(ようい)するんですよ。

ソラ　そうですか。韓国とは違(ちが)うんですね。じゃ、梅田さんの結婚式に、招待してください。

梅田　わかりました。いつ結婚できるか、分からないんですけどね…。

문 형

(1)「동사 미연형 + れる · られる」: 수동형의 문형
(2)「동사 · 형용사 + たら」: ~(하)면
(3)「동사 + てもいい」: ~(해)도 좋다
(4)「동사 + てはいけない」: ~(해)서는 안된다
(5)「동사 + てみる」: ~(해)보다
(6)「동사 + のに」: ~(인)데 ≪역접≫

한자표기

結婚式(けっこんしき)	昨日(きのう)	神社(じんじゃ)	再来週(さらいしゅう)
友達(ともだち)	招待(しょうたい)	日本(にほん)	一度(いちど)
韓国(かんこく)	誰(だれ)	お客(きゃく)さん	お土産(みやげ)
用意(ようい)	違(ちが)う		

본 문 해 설

① 昨日、神社に行ったら、結婚式をしていました。

- 神社(じんじゃ)に行ったら : 신사에 갔더니

ロトを買ったら、３億に当たった。

② 今は６月ですから、ジューンブライドですね。

- ジューンブライド : 6월의 신부(June bride)
  6월에 결혼하면 행복해 진다는 설이 있다.

③ 私も再来週、友達の結婚式に招待されているんです。

- 招待されている : 초대받다

この新聞は多くの人に読まれています。

④ いいですね。私も行ってもいいですか。日本の結婚式を一度見てみたいです。

- 行ってもいいです : 가도 좋습니다
  ▶ ~てもいい ~해도 좋다

これ食べてもいいですか。

これ、私が食べてみてもいいですか。

5 うーん、それはちょっと…。日本の結婚式は招待されないと、行ってはいけないんです。

- うーん : 음…
- 招待されないと : 초대받지 않으면
- 行ってはいけない : 가서는 안 된다
  - ▶ 「~てはいけない」의 형태로 「~해서는 안 된다」의 뜻이 된다.

これにさわってはいけません。

これを飲んではいけません。

6 韓国では、誰でも行けるのに…。

- ~のに : ~인데 ≪역접을 나타내는 접속조사≫

昨日は日曜日なのに仕事でした。

7 日本では、招待する人はお客さんのために、ごちそうやお土産まで用意するんですよ。

- ごちそうやお土産まで : 맛있는 음식이나 선물까지

8 韓国とは違うんですね。じゃ、梅田さんの結婚式に、招待してください。

- ~とは違(ちが)う : ~와는 다르다

日本とは違うんですね。

これとは違うんですね。

⑨ わかりました。いつ結婚できるか、分からないんですけどね…。

- いつ結婚できるか : 언제 결혼할 수 있을지

연습문제

1. 보기와 같이 쓰고, 읽기 연습을 해 보세요.

보기1 ▶ とる → とられる → とられます
ほめる → ほめられる → ほめられます

① 待つ →
② 押す →
③ 飲む →
④ 頼(たの)む →
⑤ 降る →
⑥ 来る →
⑦ する →
⑧ 叱(しか)る →
⑨ 呼ぶ →
⑩ 捨てる →
⑪ 聞く →
⑫ 怒(おこ)る →

2. 보기와 같이 쓰고, 읽기 연습을 해 보세요.

보기 ▶ 先生がほめました。→ 先生にほめられました。

① 父がしかりました。 →
② みんなが笑います。 →
③ 社長が呼びました。 →
④ 妹が起こしました。 →
⑤ 雨が降ります。 →
⑥ 子供が時計を壊(こわ)しました。→
⑦ 赤ちゃんが泣きました。 →
⑧ どろぼうがはいります。 →

3. 보기와 같이 쓰고, 읽기 연습을 해 보세요.

> 보기▶ はいる → A：はいってもいいですか。
> B：いいえ、はいってはいけません。

① 飲む → A：____________________

B：____________________

② 電話する → A：____________________

B：____________________

③ 開ける → A：____________________

B：____________________

④ 閉める → A：____________________

B：____________________

⑤ 食べる → A：____________________

B：____________________

⑥ 座る → A：____________________

B：____________________

1. 다음 대화의 밑줄 친 곳을 바꾸어 말하는 연습을 하세요.

A：なにか困ったことがあるんですか。
B：ええ、ゆうべどろぼうにはいられたんです。
A：そうですか。
B：ええ、それで困っているんですよ。

① 父が怒(おこ)った。

② 職員(しょくいん)が辞(や)めた。

③ 毎日友だちが来る。

④ 子供がカセットをこわした。

2. 다음 대화의 밑줄 친 곳을 바꾸어 말하는 연습을 하세요.

A：ここでコーヒーを飲んでもいいですか。
B：ええ、いいですよ、どうぞ。
A：たばこをすってはいけないんですね。
B：ええ、たばこはこまります。

① お茶を飲む。 / お弁当(べんとう)を食べる。

② 新聞を読む。 / コーヒーを飲む。

③ 休む。 / 食事をする。

④ テレビを見る。 / 煙草(たばこ)を吸(す)う。

⑤ 写真をとる。 / フラッシュをつかう。

연습문제

1. 녹음된 내용을 듣고, (　) 안의 말을 받아 쓰세요.

① 私も再来週、友達の結婚式に (　　　　　) んです。

② 日本の結婚式は招待されないと、(　　　　　) んです。

③ 日本では招待する人は (　　　　　) 、ごちそうやお土産まで用意するんですよ。

④ いつ (　　　　　) 、分からないんですけどね…。

2. 녹음된 내용을 듣고, 질문에 답변해 보세요.

① 梅田さんの友達の結婚式はいつありますか。

→ ______________________________

② 日本の結婚式は、誰でも行けますか。

→ ______________________________

보충하기

■ 「(ら)れる」 : 수동 · 존경 · 가능 · 자발 등의 의미로 사용됩니다.

존경 : 先生はいつ行かれますか。선생님은 언제 가시나요?

가능 : 頂上まで登れますか。정상까지 갈 수 있나요?

자발 : 昔のことが思い出されます。옛일이 생각납니다.

* 자발의 의미로 쓰이는 동사는 정해져 있습니다.
「思い出される、思われる、待たれる」

문 법 포 인 트

[동사 미연형] + [れる · られる] … 수동형 표현

・私は社長に呼ばれる。 ← 社長が私を呼ぶ。
・先生に誉められました。← 先生が誉めました。

・呼ぶ → 呼びます → 呼ばれる → 呼ばれます
・とる → とります → とられる → とられます
・見る → 見ます → 見られる → 見られます
・食べる → 食べます → 食べられる → 食べられます
・来る → 来ます → 来られる → 来られます
・する → します → される → されます

※ 주의 : 「~되다」라는 의미가 포함되어 있는 자동사는 수동형을 못 만듭니다.
「悪化する 악화되다」「好転する 호전되다」
「発達する 발달되다」「緊張する 긴장되다」

13 マンガ

▶ 일본어학교의 쉬는 시간, 소라가 교실에서 무엇인가를 읽고 있다.

カリーヌ　キムさん、何(なに)を読(よ)んでいるんですか。

ソラ　最近(さいきん)出(で)たばかりのマンガです。私(わたし)、このマンガが大好(だいす)きなんです。

韓国でもとても人気(にんき)なんですよ。

カリーヌ　へえ、韓国でも日本(にほん)のマンガは人気があるんですか。

ソラ　はい、有名(ゆうめい)なマンガは韓国語(かんこくご)に翻訳(ほんやく)されています。

アニメも、日本で放送(ほうそう)されたのと同(おな)じものが、韓国語に吹(ふ)き替(か)えられて放送されていますよ。

주요포인트

상대에게 어떤 행위 · 동작을 하게 하는 동사의 사역형에 대한 공부를 합니다. 사역형으로 나타난 것을 다시 수동형으로 하는 「사역수동」의 표현도 배우게 됩니다.

母が子供を学校に行かせます。
先輩にお酒を飲ませられました。

カリーヌ　日本も韓国も、若者(わかもの)の関心(かんしん)は変(か)わらないということですね。実(じつ)は私も、アニメが大好きで、コスプレしてコミケに行(い)ったことがあるんですよ。

妹(いもうと)にもコスプレさせて、二人(ふたり)で行きました。

後(あと)で妹に、変(へん)な格好(かっこう)をさせられたと怒(おこ)られてしまいましたけど…。

ソラ　そうなんですか。実は私も、コミケに興味(きょうみ)があるんです。

ぜひお話(はなし)を聞(き)かせてください。

문 형

(1)「동사 완료형＋たばかり」: ~한지 얼마 안 됨 (막 ~했다는 뜻으로)
(2)「명사＋なんです」: ~인 것입니다
(3)「~に吹き替える」: ~으로 번안하다
(4)「동사＋させられる」: ≪사역수동≫ (하기 싫은 것을 억지로) 하다
(5)「동사＋たことがある」: ~(한)적이 있다
(6)「동사＋(さ)せてください」: ~하게 해주십시오

한자표기

最近(さいきん)	大好(だいす)きだ	韓国(かんこく)	人気(にんき)
有名(ゆうめい)だ	韓国語(かんこくご)	翻訳(ほんやく)	放送(ほうそう)
同(おな)じだ	吹(ふ)き替(か)える	若者(わかもの)	関心(かんしん)
変(か)わる	実(じつ)は	妹(いもうと)	後(あと)で
変(へん)だ	格好(かっこう)	怒(おこ)る	興味(きょうみ)

본 문 해 설

❶ 最近出たばかりのマンガです。私、このマンガが大好きなんです。

- 出たばかりのマンガ : 나온 지 얼마 안 되는 만화
  - ▶ 「과거형 + ばかり」는 어떤 행위 · 동작이 일어난 지 얼마 안 되는 시점이다.

今、終わったばかりです。

さっき、着いたばかりです。

❷ 韓国でもとても人気なんですよ。

- 人気(にんき)なんです : 인기입니다
  - ▶ 「人気です」의 「~んです」형태의 표현.

❸ へえ、韓国でも日本のマンガは人気があるんですか。

- 人気があるんです : 인기가 있습니다

❹ はい、有名なマンガは韓国語に翻訳されています。

- 韓国語に翻訳されています : 한국어로 번역되어 있습니다.

❺ アニメも、日本で放送されたのと同じものが

- ～と同じもの : ~와 같은 것 ≪→ 同じだ≫

このジュースは日本で飲んだのと同じものです。

これは私が買ったのと同じものです。

⑥ 韓国語に吹き替えられて放送されていますよ。

- ～に吹き替えられて：～으로 번안(더빙)되어서 ≪→吹き替える≫
  - ▶ 吹き替える：외국영화의 대사부분을 자국어로 번안하다.

⑦ 日本も韓国も、若者の関心は変わらないということですね。

- 変わらないということ：변하지 않는다는 것

⑧ 実は私も、アニメが大好きで、コスプレしてコミケに行ったことがあるんですよ。

- コスプレ：コスチューム・プレー　(costume play)
  애니메이션 코믹스 게임 등의 등장인물의 분장을 하며 즐기는 것.
- コミケ：漫画同人誌の即売会(そくばいかい), comic market.
  만화 등을 전시하면서 즉석에서 판매하는 일을 하는 모임

あの人、見たことがあります。

たこやきを日本で食べたことがあります。

⑨ 妹にもコスプレさせて、二人で行きました。

- 二人(ふたり)で：둘이서

子供を英語の塾に通わせています。

10 後で妹に、変な格好をさせられたと怒られてしまいましたけど。

- させられた : 해야만 했다 ≪「する」의 사역수동≫
  ▶ 사역수동의 우리말 해석은 「~해야 한다」의 형식으로 해석되지만, 여기에는 누군가가 하라고 해서, 도리 없이 해야만 한다는 경우에 사용된다.

昨日コンパに行って飲ませられました。

11 実は私も、コミケに興味があるんです。ぜひお話を聞かせてください。

- 聞かせてください : 들려주세요, 듣게 해주세요

私にやらせてください。

연습문제

1. 보기와 같이 쓰고, 읽기 연습을 해 보세요.

보기 ▶ 行く → 行かせる → 行かせます
食べる → 食べさせる → 食べさせます

① 持つ →
② 聞く →
③ 飲む →
④ 歌(うた)う →
⑤ 帰る →
⑥ 入る →
⑦ やめる →
⑧ 話す →
⑨ 来る →
⑩ する →
⑪ 知る →

2. 보기와 같이 쓰고, 읽기 연습을 해 보세요.

보기 ▶ 子供がお使いに行きます。→ 子供にお使いに行かせます。

① 子供がごみをすてます。 →
② 姉がちゃわんを洗います。 →
③ 田中さんが書類を調べます。 →
④ 弟がくつをみがきます。 →
⑤ 学生が宿題をする。 →
⑥ 子供が部屋をかたづけます。 →

3. 보기와 같이 쓰고, 읽기 연습을 해 보세요.

보기▶ お見合いをしました。 → お見合いをさせられました。

① 会社を辞めました。 → ______

② 一時間も待ちました。 → ______

③ レポートを書きました。→ ______

④ 掃除をしました。 → ______

⑤ 歌を歌いました。 → ______

⑥ お酒を飲みました。 → ______

1. 다음 대화의 밑줄 친 곳을 주어진 단어로 바꾸어 말하는 연습을 하세요.

A：だれかに郵便局へ行ってもらいたいんですが。
B：それじゃ、私に行かせてください。
A：じゃ、お願いします。

① この仕事を手伝う。 ② パソコンを打つ。
③ 明日会社に来る。 ④ この資料を調べる。

2. 다음 대화의 밑줄 친 곳을 주어진 단어로 바꾸어 말하는 연습을 하세요.

A：田中さんはなにをさせられると一番いやですか。
B：そうですね。起こされるのが一番いやです。

① お酒を飲む。 ② 部屋をかたづける。
③ 長い間待つ。 ④ 歌を歌う。
⑤ 休みの日会社へ来る。 ⑥ 夜おそくお使いに行く。

3. 다음 대화의 밑줄 친 곳을 주어진 단어로 바꾸어 말하는 연습을 하세요.

A：子供の時いろいろなことをさせられました。
B：たとえば、どんなことですか。
A：部屋の掃除をさせられたり、かたづけさせられたりしました。
B：いやだと思いましたか。
A：ときどきそう思いましたが、その経験がいまは役に立っています。

① ごみを捨てる。 / くつを磨(みが)く。
② 作文を書く。 / 本を読む。
③ 夕ごはんを作る。 / ちゃわんを洗う。
④ 早く起こす。 / 早く寝かす。

1. 녹음된 내용을 듣고, ( ) 안의 말을 받아 쓰세요.

① 最近 ( ) のマンガです。私、このマンガが大好きなんです。

② 有名なマンガは韓国語に ( ) います。

③ 日本も韓国も、( ) は変わらないということですね。

④ 実は私も、コミケに興味があるんです。ぜひお話を ( ) 。

2. 녹음된 내용을 듣고, 질문에 답변해 보세요.

① 日本のマンガは韓国で人気がありますか。

→ ______

② アニメが大好きで、コスプレしてコミケに行ったことがある人は誰ですか。

→ ______

■ 사역

사역은 '시키다', '하게 하다' 의미입니다. 주로「に」격을 사용하나「を」격을 사용하는 경우도 있습니다. 사역에는 자동사사역과 타동사사역이 있습니다.

자동사사역 先生はキムさんを立たせました。선생님은 김OO를 일으켜 세우셨습니다.

타동사사역 先生はキムさんに本を読ませました。선생님은 김OO에게 책을 읽게 했습니다.

주의1

(1) 감정동사「を」

じょうだんを言って、みんなを笑わせた。농담을 해서, 모두를 웃겼다.

(2) 이동동사「を」

先生は学生を校庭を走らせました。선생님은 학생을 교정을 달리게 했다.

주의2

着物を着る　타동사1　着物を着させる (着る＋させる)

着物を着せる　타동사2　着物を着せさせる (着せる＋させる)

■ 사역수동

사역수동은 사역형의 문형을 다시 수동형으로 한 형태를 말하는데, '누군가가 하라고 해서 해야만 하는 상황에 처하다' 의 뜻을 나타내는데, 우리말로는「~(하기 싫은 것을 억지로 해야 한다」는 말로 해석하면 무난합니다.

[동사] + [せる・させる] … 사역+수동

[いか] + [せる] られる　いかせられる

[食べ] + [させる] られる　食べさせられる

私は子供の時、勉強をさせられるのが一番いやでした。

나는 어렸을 때, 공부를 하라고 하는 것이 제일 싫었습니다.

私は先輩にお酒を飲ませられました。나는 선배가 술을 마시라고 해서 (억지로) 마셨습니다.

- 飲む → 飲ませる → 飲ませられる (= 飲まされる)
- 待つ → 待たせる → 待たせられる (= 待たされる)
- 買う → 買わせる → 買わせられる (= 買わされる)
- 食べる → 食べさせる → 食べさせられる
- 来る → 来させる → 来させられる
- する → させる → させられる

사역수동인「~(さ)せられる」의 형태로 자주 사용되는 동사는「～される」의 형태로 쓰이는 경우가 있습니다.

14 お中元(ちゅうげん)

ソラ　お母(かあ)さん、宅急便(たっきゅうびん)が届(とど)きましたよ。山崎(やまざき)さんからです。

由子　あら、きっとお中元だわ。ソラちゃん、悪(わる)いけれどこっちに持(も)ってきてちょうだい。

ソラ　はーい、持っていきます。ところで、「おちゅうげん」って何(なん)ですか。

由子　普段(ふだん)お世話(せわ)になっている人(ひと)に送(おく)るプレゼントのことよ。お中元は夏(なつ)の贈(おく)り物(もの)で、感謝(かんしゃ)の気持(きも)ちを伝(つた)えるあいさつの意味(いみ)があるの。

ソラ　そうなんですか。韓国でも旧盆(きゅうぼん)のときに贈り物をしますが、それと同(おな)じですね。

주요포인트

수수표현의 문형인 「~てくれる」의 사용을 배웁니다.
「~てくれる」는 화자 이외의 제3자가 나와 나의 가족, 친구 등에게 이익(은혜)을 줄 때 사용합니다.
또한 의뢰 표현으로도 쓰이니 알아둡시다.

事務の人が書いてくれました。
ちょっと教えてくれますか。

でも、これ重(おも)いですよ。中身(なかみ)は何が入(はい)っているのかな？

由子　多分(たぶん)ビールの詰(つ)め合(あ)わせよ。山崎さんは、毎年(まいとし)ビールを送ってくれるの。

ソラ　へえ、毎年同じものをいただくんですか。

由子　ええ、家(うち)のお父さんはビールが好きだから。

たしか家は毎年山崎さんの家に、ジュースの詰め合わせを送っているはずよ。

山崎さんちは、お子(こ)さんが多(おお)いからジュースがいいと思(おも)って。

문형

~てくれる　남이 나(또는 내 가족)에게 ~해 주다

「~てくれる」: ~해 주다　日本語を教えてくれる。일본어를 가르쳐 주다.
「~てくださる」: ~해 주시다　日本語を教えてくださる。일본어를 가르쳐 주시다.

한자표기

お中元(ちゅうげん)	宅急便(たっきゅうびん)	届(とど)く	山崎(やまざき)
悪(わる)い	持(も)つ	普段(ふだん)	お世話(せわ)
送(おく)る	贈(おく)り物(もの)	感謝(かんしゃ)	気持(きも)ち
伝(つた)える	意味(いみ)	旧盆(きゅうぼん)	中身(なかみ)
多分(たぶん)	詰(つ)め合(あ)わせ	毎年(まいとし)	お子(こ)さん

본문해설

① 宅急便が届きましたよ。山崎さんからです。

• 山崎(やまざき)さんからです : 야마자키 씨로부터 입니다

▶「명사 + から」: ~로부터

先生から電話です。

友だちからメールが来ました。

② あら、きっとお中元だわ。ソラちゃん、悪いけれどこっちに持ってきてちょうだい。

• お中元(ちゅうげん)だわ : 「오츄겐」이야

▶「~わ」: 여성적 표현으로 자신의 의사를 확실히 나타내는 종조사.

• 持ってきてちょうだい : 갖다 줘요

▶「~てちょうだい」: ~해 줘요 「~てください」의 친근한 표현.

このおかし、おいしいわね。

(母が) 恵理、手伝ってちょうだい。

③ はーい、持っていきます。ところで、「おちゅうげん」って何ですか。

•「おちゅうげん」って : 「오츄겐」이란

「おにぎり」って何ですか。

「たこやき」ってどんな食べ物ですか。

4 普段お世話になっている人に送るプレゼントのことよ。

- ~のことよ : 에 관한 일
  - 「~よ」는 의지를 가볍게 강조하는 종조사로서, 남성은 종지형에, 여성의 경우는 체언에 붙여 사용하는 것이 일반적이다.

初 : ソラちゃん、これプレゼントだよ。

由子: 私からもプレゼントよ。

5 お中元は夏の贈り物で、感謝の気持ちを伝えるあいさつの意味があるの。

- 感謝(かんしゃ)の気持(きも)ち : 감사의 기분

6 韓国でも旧盆のときに贈り物をしますが、それと同じですね。

- 旧盆(きゅうぼん) : 음력 8월15일, 한국의 추석

7 でも、これ重いですよ。中身は何が入っているのかな？

- ~かな : ~일까 ≪남성어≫

今日のメニューは何かな。

❽ 多分ビールの詰め合わせよ。山崎さんは、毎年ビールを送ってくれるの。

- ~の詰(つ)め合(あ)わせよ：～의 세트야
  - 詰め合わせ：하나의 상자에 2종류 이상의 물품을 세트 형식으로 채워 넣은 것.
  - ~よ： 자신의 의사를 분명히 하는 뜻을 나타내는「종조사」로써 여성은 주로 체언에 붙이고, 남성들은 종지형에 접속해 사용한다.

彼女がセーターを編んでくれました。

❾ へえ、毎年同じものをいただくんですか。

- いただく：받다,「もらう」의 겸양어

先生に本をいただきました。

社長からボーナスをいただきました。

❿ たしか家は毎年山崎さんの家に、ジュースの詰め合わせを送っているはずよ。

- 送っているはずよ：(틀림없이) 보내고 있을 거예요
  ▶「はず」는 확신을 나타내는 추정형.

彼はすぐ来るはずです。

今なら夕飯を食べているはずです。

11 山崎さんちは、お子さんが多いからジュースがいいと思って。

- 山崎さんち : 야마자키 씨의 집
- いいと思(おも)って : 좋다고 생각해서

村上さんち

ぼくんち

연습문제

1. 보기와 같이 쓰고, 읽기 연습을 해 보세요.

보기▶ 父がパソコンを買いました。→ 父がパソコンを買ってくれました。

① 彼がメールを送りました。

→

② 母がセーターを編(あ)みました。

→

③ 先輩が論文の資料を調べました。

→

④ 姉の友だちがきれいな花束を買いました。

→

⑤ 彼女がいい辞書を選びました。

→

⑥ 弟がパソコンをなおしました。

→

2. 보기와 같이 쓰고, 읽기 연습을 해 보세요.

보기▶ 先生が辞書をくださいました。→ 先生に辞書をいただきました。

① 彼のお父さんがラジカセをくださいました。

→

② あの方(かた)がお土産(みやげ)をくださいました。

→

③ 先生の奥さんがプレゼントをくださいました。

→

1. 다음 대화의 밑줄 친 곳을 주어진 단어로 바꾸어 말하는 연습을 하세요.

A : 山田さん、まだ来ませんね。
B : そうですね。もう来るはずなんですが、どうしたんでしょう。
A : 聞いてみましょうか。
B : そうですね。聞いてみてください。

① 新聞(しんぶん) / 来る
② 授業 / 始まる
③ 会議(かいぎ) / 終わる
④ 食事(しょくじ) / できる

2. 다음 대화의 밑줄 친 곳을 주어진 단어로 바꾸어 말하는 연습을 하세요.

A : いいデジカメですね。どこで買いましたか。
B : これは買ったんじゃないんです。いただいたんです。
A : そうですか。だれにもらったんですか。
B : 先生にいただいたんです。

① サングラス
② ネックレス
③ シャーペン
④ マフラー
⑤ ラジカセ
⑥ ネクタイ

연습문제

1. 녹음된 내용을 듣고, (　) 안의 말을 받아 쓰세요.

① あら、きっとお中元だわ。ソラちゃん、悪いけれどこっちに持ってきて(　　　　)。

② お中元は(　　　　)で、感謝の気持ちを伝えるあいさつの意味があるの。

③ 多分ビールの(　　　　)よ。山崎さんは、毎年ビールを送ってくれるの。

④ たしか家は毎年山崎さんの家に、ジュースの詰め合わせを(　　　　)よ。

2. 녹음된 내용을 듣고, 질문에 답변해 보세요.

① 普段お世話になっている人に、夏に送るプレゼントを何と言いますか。

→ ________________

② 山崎さんは何を送ってくれましたか。

→ ________________

보충하기

■ 남성적 표현과 여성적 표현의 차이점 및 친근감의 표현

	[남성]	[여성]
① 인칭대명사	おれ(俺) ぼく(僕) きみ(君)	あたし わたし(私) ・わたくし あなた
② 대답	うん	ええ
③ 말의 끝맺음	行こうよ いいよ・いいね 行くよ よかったよ・よかったね そうだよ・そうだね そうだ・そうだった あしただよ あしただね	行きましょうよ いいわよ・いいわね 行くわよ よかったわよ・よかったわね そうよ・そうね そうだわ・そうだったわ あしたよ あしたね

▶ 「～わ」는 종조사로써 자신의 의지를 가볍게 강조하는 여성적 표현입니다.

▶ 활용어 종지형 「の」를 사용하는 것은 일반적으로 여성적 말투에서 나타나는 친근한 표현인데, 「ですかです)」가 생략된 것으로 생각하면 됩니다.
그리고, 「の」의 어조를 올리면 묻는 말이 되고 내리면 답변하는 말이 됩니다.

A: テレビ 見てるの。⤴ 텔레비전 보고 있니? → テレビを見てるの(ですか)。
B: テレビ 見てるの。⤵ 텔레비전 보고 있어. → テレビを見てるの(です)。

A: さむいの。⤴ 춥니?
B: うん, さむいの。⤵ 응, 추워.

▶ 「お刺身」는, 생선회를 뜻하는 「刺身(さしみ)」를 부드럽게 나타내려고 접두어인 「お」를 붙여 사용한 것으로, 음식과 관련된 말에는 남성보다 여성들이 「お」를 붙여 말하는 습관이 있습니다.

· 米(こめ) → お米 : 쌀　　· 寿司(すし) → お寿司 : 초밥
· 箸(はし) → お箸 : 젓가락　　· 皿(さら) → お皿 : 접시

▶ 「～かしら」는 체언, 연체형에 접속되어 의심이나 수상쩍은 마음을 나타내는 말로 다소 여성적인 표현이 된다. 우리말에서 「…일지 몰라, …일까…」 등의 뜻을 나타냅니다.

· あれでいいかしら。저래서 될는지 모르겠네.
· あの人今ごろどうしているかしら。그 사람 지금쯤 뭐하고 있을까….

▶ 「あら」는 주로 여성들이 하는 말로써 어떤 '놀람' 을 나타내는 감동사입니다.

15 夏祭り

ソラ　いらっしゃいませ。竹井さん、今日はいつもよりお客さんが多いですね。

竹井　今日は、花火大会の日だからね。

いい場所で見るために、みんな早く来て席を取っておくんだよ。

ソラ　まだ3時なのに、みんなすごいですね。

주요포인트

「～てもらう」의 형태를 배웁니다. 대등한 관계, 은혜를 받을 때 사용합니다.
그러나 윗사람에게 받을 때는 「～ていただく」를 씁니다.
私は山田さんに日本語を教えてもらいました。
私は山田さんに日本語を教えていただきました。

竹井　6時から盆踊(ぼんおど)り大会もあるんだって。店長(てんちょう)の話(はなし)によると、ミス浴衣(ゆかた)コンテストもあるらしいよ。

ソラ　えっ？ 私(わたし)も出(で)たい。盆踊りも見たことがないし、行(い)きたい!!

竹井　じゃ、梅田(うめだ)さんに代(か)わってもらうのは、どう？ 彼女(かのじょ)、暇(ひま)だって言(い)っていたし。

ソラ　今(いま)すぐ電話(でんわ)してみます。

문형

「명사 · 활용어 종지형 + らしい」: ~것 같다 ≪추정≫

동사		な형용사	
行く 行かない 行った 行かなかった	らしい	便利 便利じゃない 便利だった 便利じゃなかった	らしい

한자표기

夏祭(なつまつ)り	竹井(たけい)	お客(きゃく)さん	花火(はなび)
大会(たいかい)	場所(ばしょ)	早(はや)い	席(せき)
取(と)る	盆踊(ぼんおど)り	店長(てんちょう)	浴衣(ゆかた)
梅田(うめだ)	代(か)わる	彼女(かのじょ)	暇(ひま)

| 본 | 문 | 해 | 설 |

① いらっしゃいませ。竹井さん、今日はいつもよりお客さんが多いですね。

- いらっしゃいませ。: 어서 오십시오 ≪→ いらっしゃる≫
- いつもより : 여느 때보다
- お客(きゃく)さん : 손님

② 花火大会の日だからね。いい場所で見るために、みんな早く来て席を取っておくんだよ。

- ~ために : ~위하여, ~때문에
- 席(せき)を取(と)っておく : 자리를 잡아두다

▶ 「~ておく」: ~해 두다, ~해 놓다

チケットの予約をしておきました。

③ まだ３時なのに、みんなすごいですね。

- ~のに : ~인데 ≪역접≫
- すごい : 굉장하다 ≪い형용사≫

家が近いのにいつも遅刻します。

5月なのにまだ雪がありますね。

④ 6時から盆踊り大会もあるんだって。

- 盆踊(ぼんおど)り : 음력 7월 13일~16일에 걸쳐서 많은 사람들이 노래에 맞추어 추는 춤
- あるんだって : 있다는군, 있대

▶ 「~って」는 종지형에 접속되면 전문의 뜻을 나타낸다.

5 店長の話によると、ミス浴衣コンテストもあるらしいよ。

- 店長(てんちょう)：점장, 가게의 종업원 중에 우두머리
- ミス浴衣(ゆかた)コンテスト：「유카타」 미인 대회
- ~らしい：~인 것 같다

天気予報によると、明日は雨が降るらしい。

6 えっ？ 私も出たい。盆踊りも見たことがないし、行きたい!!

- えっ：네? 그래요?
- ~し：~(하)고 ≪병렬≫

7 梅田さんに代わってもらうのは、どう？ 彼女、暇だって言っていたし。

- ~に代(か)わってもらうのは、どう：~에게 대신 해달라고 하면 어때요?
  ※ 여기서는 자기 대신 해달라는 뜻으로 쓰였다.
- 暇(ひま)だって言っていたし：한가하다고 말했으니…

友だちにレポートを書いてもらいました。

8 今すぐ電話してみます。

- すぐ：곧, 바로
- ~てみる：~해 보다

一度行ってみます。

すぐ見てみます。

연습문제

1. 보기와 같이 쓰고, 읽기 연습을 해 보세요.

보기▶ 父がパソコンを買ってくれました。→ 父にパソコンを買ってもらいました。

① 彼がメールを送ってくれました。

→

② 母がセーターを編(あ)んでくれました。

→

③ 先輩が論文の資料を送ってくれました。

→

④ 姉の友だちがきれいな花束を買ってくれました。

→

⑤ 彼女がいい辞書を買ってくれました。

→

⑥ 弟がパソコンをなおしてくれました。

→

2. 보기와 같이 쓰고, 읽기 연습을 해 보세요.

보기▶ 先生が辞書を買ってくださいました。→ 先生に辞書を買っていただきました。

① 先生が参考書を選(えら)んでくださいました。

→

② あの方が案内してくださいました。

→

③ 先輩がインターネットの検索(けんさく)をしてくださいました。

→

④ 先生の奥さんがお祝いを送ってくださいました。

→

⑤ どなたが道を教えてくださいましたか。

→

1. 다음 보기의 밑줄 친 곳을 주어진 단어로 바꾸어 말하는 연습을 하세요.

보기▶ A : 朝ごはんは自分で作りますか。だれかに作ってもらいますか。
B : たいてい自分で作りますが、時々姉に作ってもらいます。

① お茶/いれる　② 部屋/かたづける

③ ふとん/たたむ　④ お皿(さら)/洗う

2. 다음 보기의 밑줄 친 곳을 주어진 단어로 바꾸어 말하는 연습을 하세요.

보기▶ A : このレポートは自分で書いたんですか。
B : いいえ、姉に書いてもらったんです。
A : そうですか。いつもお姉さんに書いてもらうんですか。
B : いいえ、たいていは自分で書きますが、
このレポートだけ書いてもらったんです。

① 資料/調べる

② ゆびわ/買う

③ 料理/作る

④ 写真/とる

⑤ 部屋の掃除(そうじ)/する

⑥ コーヒー/いれる

연습문제

1. 녹음된 내용을 듣고, (　) 안의 말을 받아 쓰세요.

① いらっしゃいませ。竹井さん、今日はいつもより (　　　　) が多いですね。

② いい場所で (　　　　) 、みんな早く来て席を取っておくんだよ。

③ 店長の話によると、ミス浴衣コンテストも (　　　　) よ。

④ 梅田さんに (　　　　) のは、どう？ 彼女、暇だって言っていたし。

2. 녹음된 내용을 듣고, 질문에 답변해 보세요.

① 花火大会の日、なぜ早くからお客さんが来ますか。

→ ____________________

② ソラさんはミス浴衣コンテストに出ますか。

→ ____________________

보충하기

■ 書いていただきたいですが

「書いていただきたい」는 문자대로 해석하면 「써 받고 싶다」의 뜻이 되는데, 「~ていただけませんか」의 문형을 「~たい(~싶다)」의 형태를 빌려서 「~해 주셨으면 합니다만…」정도의 표현으로 나타낸 것입니다.

- 書いてください。써 주십시오.
- 書いてくださいますか。써 주시겠습니까?
- 書いてくださいませんか。써 주시지 않겠습니까?
- 書いてもらえますか。써 받을 수 있습니까?
- 書いてもらえませんか。써 받을 수 없습니까?
- 書いていただけますか。써 받을 수 있겠습니까?
- 書いていただけませんか。써 받을 수 없겠습니까?
- 書いていただきたいですが。써 받고 싶습니다만….

※ 상기 표현은 각각 조금씩 차이는 있지만, 어느 것이나 모두 상대에게 「써 주십시오」하는 내용임을 알 수 있습니다.

■ ~てもらう

「~てもらう」의 형태는 상대가 어느 행동 · 행위를 해 주는 것을 받는다고 하는 표현인데, 이 때 [もらう]를 가능형으로 해서 [もらえる] 의 형태로 사용하면, 상대에게 어떤 행위를 해 주기바라는 뜻으로 주로 쓰입니다.

* [동사의 て형] + [もらう]	* [동사의 て형] + [いただける]
[書いて] + [もらえますか]	[書いて] + [いただけますか]
[書いて] + [もらえませんか]	[書いて] + [いただけませんか]
[書いて] + [もらいたいですが]	[書いて] + [いただきたいですが]

「~てもらう」는 화자가 행위를 하도록 부탁한 경우에 사용하지만, 「~てくれる」는 상대가 자기에게 행위를 해 주는 경우에 사용됩니다. 또한 관용적으로 물건이나 지식 등이 상대방 측에서 내 쪽으로 이동되거나 전할 경우에 사용됩니다.

「貸してもらう」「教えてもらう」「送ってもらう」「見てもらう」

16 高校野球(こうこうやきゅう)

▶ 하지메가 텔레비전을 보면서 응원하고 있다.

初　よし、行(い)け！ そうだ、走(はし)れ!!

ソラ　お父(とう)さんは野球が好(す)きなんですね。

由子　お父さんの母校(ぼこう)が甲子園(こうしえん)に出(で)ているのよ。

ソラ　甲子園？

由子　高校野球の夏(なつ)の全国大会(ぜんこくたいかい)のことよ。

甲子園球場(きゅうじょう)で試合(しあい)をするんで、「甲子園」と呼(よ)ばれているの。

日本人(にほんじん)なら、知らない人はいないわよ。

ソラ　なんで、高校野球がそんなに人気(にんき)なんですか。

주요포인트

의무를 나타내는 「~なければならない(~지 않으면 안된다)」의 문형을 배우게 됩니다.

같은 표현으로 「~するべきだ」라는 문형도 있습니다.

あした日本に行かなければならない。
あした日本に行くべきだ。

由子　若(わか)い人が、汗(あせ)や涙(なみだ)を流(なが)しながら、真剣(しんけん)に野球をしている姿(すがた)に感動(かんどう)するんだと思う。

一生(いっしょう)に一度(いちど)の青春時代(せいしゅんじだい)だからね。

ソラ　そうかあ。私も、後悔(こうかい)しないように頑張(がんば)らなければならないですね。

「後悔役(やく)に立(た)たず」ですよね。

由子　あら、それを言うなら「後悔先(さき)に立たず」よ。

문 형

동사 + なければならない ~지 않으면 안 된다

「なければならない」는 약간 딱딱하고, 격식을 차린 느낌
그러나 「なければいけない」는 회화체적인 느낌

帰らなければなりません。
帰らなければいけません。

한자표기

高校野球(こうこうやきゅう)　母校(ぼこう)　甲子園(こうしえん)

全国大会(ぜんこくたいかい)　球場(きゅうじょう)　試合(しあい)　呼(よ)ぶ

人気(にんき)　若(わか)い　汗(あせ)　涙(なみだ)

流(なが)す　真剣(しんけん)に　姿(すがた)　感動(かんどう)

一生(いっしょう)　一度(いちど)　青春時代(せいしゅんじだい)　後悔(こうかい)

頑張(がんば)る　役(やく)に立(た)つ　先(さき)

본 문 해 설

① よし、行け! そうだ、走れ!!

- 行(い)け : 「行く」의 명령형. 여기서는 응원하는 말로 쓰였다.
- 走(はし)れ : 「走る」의 명령형. 여기서는 응원하는 말로 쓰였다.

イチロー、打て！

早く食べろ！

② 高校野球の夏の全国大会のことよ。甲子園球場で試合をするんで、

- ~のことよ : ~에 관한 것
  - ▶ 「~のこと」는 명사에 접속하여 사용한다.
  - ▶ 「んで」는 「ので」의 구어체이다.

「キム」とは、「のり」のことです。

急いでいたんで分かりませんでした。

③ 「甲子園」と呼ばれているの。日本人なら、知らない人はいないわよ。

- ~と呼(よ)ばれているの : ~라고 불리고 있어요
- ~わよ : 여성적 표현을 나타내는 말 ≪종조사≫

④ 若い人が、汗や涙を流しながら、真剣に野球をしている姿に感動するんだと思う。

- 真剣(しんけん)に : 진지하게

日本語をマスターしたいと思って真剣に勉強している。

5 そうかあ。私も、後悔しないように頑張らなければならないですね。

- そうかあ：그렇구나…
- 後悔(こうかい)しないように：후회하지 않도록
  ▶ ~ないように：~(하)지 않도록
- 頑張(がんば)らなければならない：분발(노력)하지 않으면 안 된다
  ▶ ~なければならない：~(하)지 않으면 안 된다

かぜをひかないように気をつけてください。

1日3回この薬を飲まなければなりません。

6 「後悔役に立たず」ですよね。

- 役(やく)に立つ：도움이 되다
- 立たず：立たない의 문어적인 표현이다

7 あら、それを言うなら「後悔先に立たず」よ。

- 「後悔(こうかい)先に立たず」：「일이 끝난 후 후회해도 소용없다」라고 하는 속담
- 先(さき)に立つ：앞장서다, 먼저가다

※ 예시문의 뜻은 앞에서 소라가 「後悔先に立たず」라고 해야 하는데, 「後悔役に立たず」라고 말해버렸기 때문에, 유코가 '「後悔役に立たず」가 아니라 「後悔先に立たず」라고 해요' 라고 말하며 고쳐주는 장면이다.

연습문제

1. 보기와 같이 쓰고, 읽기 연습을 해 보세요.

보기▶		
	行きます。	→ 行くと思います。
	行きました。	→ 行ったと思います。
	行きません。	→ 行かないと思います。
	やさしいです。	→ やさしいと思います。
	しずかです。	→ しずかだと思います。
	学生です。	→ 学生だと思います。

① 聞きます →

② 習います →

③ 教えました →

④ わかりました →

⑤ 帰りません →

⑥ 来ません →

⑦ むずかしいです →

⑧ まじめです →

⑩ 韓国人です →

⑪ アメリカ人じゃありません →

2. 보기와 같이 쓰고, 읽기 연습을 해 보세요.

보기▶ 行く → 行かなければならない → 行かなければなりません
来る → 来なければならない → 来なければなりません

① 習う →

② 勉強する →

③ 話す →

④ 待つ →

⑤ 呼ぶ →

⑥ 始める →

⑦ 聞く →

⑧ タバコをやめる →

1. 다음 대화의 밑줄 친 곳을 주어진 단어로 바꾸어 말하는 연습을 하세요.

A : 鈴木さんは来るでしょうか。
B : ええ、来るとおもいます。さっき電話がありましたから。
A : 来るといっていましたか。
B : ええ、そういっていましたよ。

① 帰る ② 行かない
③ 行く ④ しない
⑤ 買う ⑥ でかける

2. 다음 대화의 밑줄 친 곳을 주어진 단어로 바꾸어 말하는 연습을 하세요.

A : いま、何時ですか。
B : 十時ですよ。
A : そうですか。もう帰らなければなりませんね。
B : そうですね。早く帰りましょう。

① 九時 / 始める
② 四時 / 出発(しゅっぱつ)する
③ 十二時 / 出る
④ 七時 / 行く

연습문제

1. 녹음된 내용을 듣고, (　) 안의 말을 받아 쓰세요.

① 甲子園球場で高校野球の夏の (　　　　) をするんです。

② (　　) が、汗や涙を流しながら、真剣に野球をしている姿に感動するんだと思う。

一生に一度の (　　　　) だからね。

③ 私も、後悔しないように (　　　　) ですね。

④ (　　　　) ですよね。

2. 녹음된 내용을 듣고, 질문에 답변해 보세요.

① お父さんはなぜ甲子園を見ていますか。

→ ______________________________

② 甲子園とは何ですか。

→ ______________________________

보충하기

■ ～なければならない

「～なければならない」의 문형은 우리말로 '～해야 한다' 로 옮길 수 있습니다.
이 형태의 표현은 '하지않으면 안 된다' 고 하는 어떤 의무감이 강하게 나타나지만, 「べき」를 사용하면 의무감보다는 어떤 당연함이나, 가치, 권유 등이 화자의 입장에서 주장하는 느낌이 있습니다.
따라서, '면허가 없으면 운전을 할 수 없다' 고 할 때의 표현은 의무적인 명문규정이 있는 상황을 말하므로,「～なければならない」의 표현이 맞습니다.
또, 「～なければならない」는 「～なくてはならない」, 「～ないとならない」의 형태로 말하기도 합니다. 또한 「ならない」는 「いけない」나 「だめだ」의 표현으로 바꾸어 말하기도 합니다.
「なければならない」와 「なくてはならない」는 일반적인 판단을 나타냅니다.
「なければいけない」와 「なくてはいけない」는 개별 사정으로 의무와 필요가 생긴 경우에 주로 사용됩니다.

教師は、生徒に対して公平でなければならない。교사는 학생들에 대해서 공평해야만 한다.
そろそろ帰らなければならない。슬슬 돌아가지 않으면 안된다.
我慢しなければならない。(＝ 我慢せねばならぬ。) 참아야만 한다.

■ 後悔先に立たず

자주 사용되는 속담이나 관용표현을 알아두면 편리합니다.

知らぬがほとけ	모르는 것이 약이다
男はどきょう、女はあいきょう	남자는 배짱, 여자는 애교
馬の耳に念仏	소귀에 경 읽기.
猫の手も借りたい	눈코 뜰 새 없이 바쁘다.
かえるの子はかえる	부전자전
花よりだんご	금강산도 식후경
くさっても鯛	썩어도 준치

17 地震(じしん)

▶ 아르바이트하는 곳에서

ソラ　昨日(きのう)の夜(よる)、大(おお)きな地震がありましたね。怖(こわ)くて、布団(ふとん)の中(なか)から動(うご)けませんでした。

梅田(うめだ)さんは、地震、大丈夫(だいじょうぶ)ですか。

梅田　私(わたし)は、小(ち)いさな頃(ころ)から何度(なんど)も経験(けいけん)しているので、それほど怖(こわ)くないです。

でも、昨日はちょっと大きかったので、机(つくえ)の下(した)にかくれちゃいました。

주요포인트

친한 사람과의 대화에서 사용되는 축약형의 표현에 대해서 알아보기로 합니다.
「~てしまう」→「~ちゃう 」~해 버리다
行ってしまう →「いっちゃう」가 버리다
飲んでしまう →「飲んじゃう」마셔 버리다

ソラ　机の下にかくれたんですか？

梅田　そうそう。上(うえ)から何(なに)か落(お)ちてきても大丈夫なように、まずは机の下にかくれるんですよ。

早(はや)く逃(に)げようと、外(そと)に出(で)たりしてはだめです。

屋根(やね)のかわらなどが落ちたりするから、かえって危(あぶ)ないんですよ。

ソラ　へえ、知(し)らなかった。

문 형

축약형

これは	→	こりゃ	分からないだろう	→	分からんだろう
何をしているの	→	何をしてるの	経験しているので	→	経験しているんで

한자표기

地震(じしん)	夜(よる)	大(おお)きな	怖(こわ)い
布団(ふとん)	動(うご)く	梅田(うめだ)	大丈夫(だいじょうぶ)だ
小(ちい)さな	頃(ころ)	何度(なんど)	経験(けいけん)
怖(こわ)い	机(つくえ)	落(お)ちる	早(はや)い
逃(に)げる	屋根(やね)	危(あぶ)ない	

본 문 해 설

① 昨日の夜、大きな地震がありましたね。怖くて、布団の中から動けませんでした。

- 昨日(きのう)の夜(よる) : 어제 밤
- 地震(じしん) : 지진
- 怖(こわ)くて : 무서워서 ≪→ 怖い≫
- 布団(ふとん) : 이불
- 動(うご)けませんでした : 움직일 수 없었어요 ≪→ 動く≫

このラーメンは辛くて食べられませんでした。

② 小さな頃から何度も経験しているので、それほど怖くないです。

- 小(ちい)さな頃(ころ) : 어렸을 무렵
- 何度(なんど)も : 몇 번이나
- 経験(けいけん) : 경험
- それほど : 그다지
- 怖(こわ)くないです : 무섭지 않습니다 ≪→ 怖い≫

③ でも、昨日はちょっと大きかったので、机の下にかくれちゃいました。

- 大きかったので : 컸기 때문에
- 机(つくえ)の下(した) : 책상 밑
- かくれちゃいました : 숨어 버렸습니다 ≪→ かくれる≫
  - ▶「かくれちゃう」→「かくれてしまう : 숨어 버리다」

この本はもう読んじゃいました。

先生が来ちゃいました。

④ 机の下にかくれたんですか？

- かくれた : 숨었다 ≪→ かくれる≫

5 そうそう。上から何か落ちてきても大丈夫なように、まずは机の下にかくれるんですよ。

- そうそう : 그래요, 그래
- 上(うえ)から : 위에서, 위로부터
- 落(お)ちてきても : 떨어져도, 떨어지기 시작해도
  - ▶「~てくる」는 "(어떤 상황이) 되기 시작하다"의 뜻을 나타낸다.
- ~ように : ~(하)도록
- まずは : 우선은

母から電話がかかってきました。

雪が降ってきました。

6 早く逃げようと、外に出たりしてはだめです。屋根のかわらなどが落ちたりするから

- 逃(に)げようと : 도망가려고 ≪→ 逃げる≫
- ~てはだめです : ~(해)서는 안 됩니다
- 屋根(やね) : 지붕
- かわら : 기와(瓦)

早く出かけようと準備をしました。

食べようとしたら、電話がかかってきました。

7 かえって危ないんですよ。

- かえって : 오히려
- 危(あぶ)ない : 위험하다 ≪い형용사≫

8 へえ、知らなかった。

- へえ : 그래요? (놀람의 소리)
- 知らなかった : 몰랐었다 ≪→ 知る≫

연습문제

1. 보기의 단어를 사용하여 예문과 같이 쓰고 읽기 연습을 해 보세요.

보기▶ 雑誌を読む。/ テレビを見る。→ 雑誌を読んだりテレビを見たりします。

① 掃除をする。 / 洗濯をする。

→ ______________________________

② 料理を作る。 / お茶をいれる。

→ ______________________________

③ 歌をうたう。 / ギターをひく。

→ ______________________________

④ 話をする。 / お茶を飲む。

→ ______________________________

⑤ 辞書をひく。 / インターネットで探す。

→ ______________________________

⑥ 散歩をする。 / 友だちに会う。

→ ______________________________

2. 보기의 단어를 사용하여 예문과 같이 쓰고 읽기 연습을 해 보세요.

보기▶ 行く → 行ってしまう → 行っちゃう

① 終わる → ______________________________

② 買う → ______________________________

③ なくす → ______________________________

④ 言う → ______________________________

⑤ する → ______________________________

⑥ 寝る → ______________________________

⑦ 飲む → ______________________________

⑧ 使う → ______________________________

1. 다음 대화의 밑줄 친 곳을 보기의 단어로 바꾸어 말하는 연습을 하세요.

A : 昨日はなにをしましたか。

B : テレビを見たり小説を読んだりしました。金さんは?

A : 私は一日中バイトでしたよ。

B : それはたいへんでしたね。

① ドライブに行く。 / 映画を見る。

② 友だちに会う。 / ショッピングをする

③ レポートを書く。 / 宿題(しゅくだい)をする。

④ 部屋の掃除をする。 / 洗濯をする。

2. 다음 대화의 밑줄 친 곳을 보기의 단어로 바꾸어 말하는 연습을 하세요.

A : カメラはどうしたんですか。なくしたんですか。

B : ええ、なくしてしまいました。

① 鈴木さん / 帰る　　② 仕事 / 辞(や)める

③ 恵理さん / 行く　　④ お金 / 使う

⑤ お酒 / 飲む　　⑥ 宿題 / 忘(わす)れる

연습문제

1. 녹음된 내용을 듣고, (　) 안의 말을 받아쓰세요.

① 昨日の夜、大きな地震がありましたね。怖くて、布団の中から (　　　　) 。

② (　　　) 何度も経験しているので、(　　　) 怖くないです。

③ そうそう。上から何か (　　　) 大丈夫なように、まずは机の下にかくれるんですよ。

④ 屋根のかわらなどが落ちたりするから、(　　　) 危ないんですよ。

2. 녹음된 내용을 듣고, 질문에 답변해 보세요.

① 大きな地震はいつ起こりましたか。

→ ______________________________

② 地震が起きたとき、まずは何をしますか。

→ ______________________________

보충하기

■ 축약형

친한 사람과 이야기할 때 다음과 같이 축약해서 말합니다.

(1)「それでは」→「それじゃ」

* 大学生ではありません → 大学生じゃありません

(2)「〜ては」→「〜ちゃ」

「〜では」→「〜じゃ」

* 食べてはいけません → 食べちゃいけません
* 飲んではいけません → 飲んじゃいけません

(3)「〜ている」→「〜てる」

* 書いています　　→ 書いてます

(4)「〜てしまう」→「〜ちゃう」(→「〜ちまう」)

「〜でしまう」→「〜じゃう」(→「〜じまう」)

* 食べてしまいました→ 食べちゃいました→ (食べちまいました)
* 行ってしまった → 行っちゃった (→ 行っちまった)
* 飲んでしまいます → 飲んじゃいました (→ 飲んじまいました)

(5)「〜ておく」→「〜とく」

* 買っておきました　→ 買っときました
* 積んでおく → 積んどく

(6)「〜のだ」→「〜んだ」

* 行くのです → 行くんです
* 高いのです → 高いんです
* 行きたいのです　　→ 行きたいんです

(7)「〜という」→「〜っていう」

山田さんという人を知っていますか。→ 山田さんっていう人を知っていますか。

(8)「〜なければ」→「〜なきゃ」

食べなければ → 食べなきゃ

(9)「〜と」→「〜って」

食べたと言った → 食べたって言った

18 ケータイ（携帯）

ソラ　あれ、竹井さん、ケータイを買い換えたんですか。

竹井　うん、やっとカメラ付きケータイを買ったんだ。

ソラ　安いデジカメより、性能がいいそうですね。動画もできるんですか。

竹井　うん、できるみたいだよ。
最近はケータイさえあれば、メールもネットもできるから、パソコンを買わなくてもいいね。

ソラ　スケジュール管理もできますよね。

주요포인트

「~なくてもいい(~지 않아도 좋다)」,「~じゃなくて(~이 아니고)」,
그리고, 「~ないといけない(~지 않으면 안된다)」의 문형을 배우게 됩니다.
「～て+もいい」는 허가를 나타내는데 비해 「～て부정+もいい」형은 불필요를 나타냅니다.

行ってもいいですか。
行かなくてもいいですか。

これからは、ケータイ１つで何(なん)でもできる時代(じだい)になるでしょうね。すごいなあ。

竹井　でも、あまりにもそれに頼(たよ)るのもこわいね。ショートメールが来ないと落(お)ち着(つ)かないという人(ひと)もいるんだって。メール中毒(ちゅうどく)かもしれないね。

ソラ　ケータイに使(つか)われるんじゃなくて、使いこなせるようにならないといけないですね。

문형

(1)「동사 미연형 + ~なくてもいい」→ ~(하)지 않아도 된다
行かなくてもいいです。가지 않아도 됩니다.

(2)「동사 미연형 + ~ないといけない」→ ~(하)지 않으면 안된다
行かないといけない。가지 않으면 안된다.

(3)「명사 + じゃなくて」→ ~이/가 아니라
コーヒーじゃなくて紅茶です。커피가 아니고, 홍차입니다.

한자표기

携帯(けいたい)	竹井(たけい)	買(か)い換(か)える	付(つ)き
安(やす)い	性能(せいのう)	動画(どうが)	最近(さいきん)
管理(かんり)	時代(じだい)	頼(たよ)る	落(お)ち着(つ)く
中毒(ちゅうどく)	使(つか)う		

본 문 해 설

① ケータイを買い換えたんですか。

- ケータイ : 휴대폰. 「携帯電話(けいたいでんわ)」를 약칭으로 「携帯(けいたい)」라고 하는데, 이를 カタカナ로 표기 한 것.
- 買(か)い換(か)える : 새로 사다, 갖고 있는데, 다시 사다

▶ 「~かえる」: 바꿔서 ~하다

· 乗り換える 갈아타다

· 言い換える 바꿔 말하다, 다시 말하다

② うん、やっとカメラ付きケータイを買ったんだ。

- やっと : 겨우
- カメラ付(つ)き : 카메라가 딸린 것

▶ 「~つき」: ~이 딸린 것

- 買ったんだ : 샀거든 ≪→ 買う≫

▶ 「~んだ」: 「~のだ」의 변형된 발음으로, 설명 · 해명 등을 나타낸다.

ラジオ付きのMP3

風呂(ふろ)付きの部屋

③ 安いデジカメより、性能がいいそうですね。動画もできるんですか。

- 安(やす)い : 싸다 ≪い형용사≫
- ~より : ~보다
- いいそうです : 좋답니다
- デジカメ : 디카(디지털 카메라)
- 性能(せいのう) : 성능
- 動画(どうが) : 동영상

今日の授業は休みだそうです。

李先生はおもしろいそうです。

④ できるみたいだよ。最近はケータイさえあれば、メールもネットもできるから

- ~みたいだ : ~같다
- ~さえあれば : ~만 있으면
- メール : 메일(mail)
- ネット : 네트(net), 인터넷

梅田さんは辛いものが大好きみたいですよ。

お酒さえあれば喜(よろこ)ぶ。

あなたさえいれば何もいらない。

⑤ パソコンを買わなくてもいいね。

- パソコン : 퍼스널 컴퓨터의 약칭
- 買わなくてもいい : 사지 않아도 된다
  - ▶「~なくてもいい」: ~지 않아도 된다

お酒は無理に飲まなくてもいいです。

明日行かなくてもいいです。

⑥ スケジュール管理もできますよね。

- スケジュール : 스케줄(schedule)
- 管理(かんり) : 관리

본문해설

⑦ これからは、ケータイ１つで何でもできる時代になるでしょうね。すごいなあ。

- これから : 지금부터, 이제부터
- １(ひと)つで : 하나로, 한개로
- 何(なん)でも : 무엇이든지
- 時代(じだい)になる : 시대가 된다
- ~でしょうね : ~겠지요 ≪「です」의 추정형≫
- すごい : 굉장하다 ≪い형용사≫

12 月になりました。

今年の冬はとても寒いでしょうね。

ここのレストランは高いでしょうね。

⑧ あまりにもそれに頼るのもこわいね。

- あまりにも : 너무나도
- 頼(たよ)る : 의지하다
- こわい : 무섭다 ≪い형용사≫

⑨ ショートメールが来ないと落ち着かないという人もいるんだって。

- ショートメール : 짧은 글의 메일, 문자 메시지
- 落(お)ち着(つ)かない : 안정되지 않는다 ≪→ 落ち着く≫
- ~という人 : ~라고 하는 사람
- ~って : ~이래, ~래 ≪전문의 형태≫

来週、サッカーの日韓戦があるんだって。

あの人、先生なんだって。

10 メール中毒かもしれないね。

- メール中毒(ちゅうどく)：메일 중독
- ~かもしれない：~일지도 모른다

11 ケータイに使われるんじゃなくて、使いこなせるようにならないといけないですね。

- ~に使(つか)われる：~에 사용되다
  - ▶「使(つか)われる」는「使(つか)う」의 수동형으로, 여기서의 뜻은「'휴대폰' 이 '사람' 을 사용한다」의 느낌으로「휴대폰에 매이다」는 뜻으로 쓰였다.
- ~じゃなくて：~이 아니고
- 使(つか)いこなせる：잘 다룰 수 있다
  - ▶「使いこなす(잘 다루다)」의 가능형 동사
- ~ように：~처럼, ~와 같이
- ~ないといけない：~지 않으면 안 된다
  - ▶「~なければならない」의 형태와 같은 뜻을 나타내는 말이다.

車の運転ができるようになりました。

漢字を覚えるためには書かないといけません。

1. 보기와 같이 쓰고, 읽기 연습을 해 보세요.

보기▶ お酒を飲む → お酒を飲まなくて(も)いいです。

① 明日来る →

② 電話をかける →

③ ストーブをつける →

④ メールを送る →

⑤ 煙草をすう →

⑥ そんなに急(いそ)ぐ →

⑦ 毎日する →

⑧ いま払(はら)う →

2. 보기와 같이 쓰고, 읽기 연습을 해 보세요.

보기▶ こっち / あっち → こっちじゃなくてあっちです。

① ビール / ビル

→

② 四日(よっか) / 八日(ようか)

→

③ おととい / おととし

→

④ あした / あさって

→

⑤ 美容院(びよういん) / 病院(びょういん)

→

⑥ 田中さん / 山田さん

→

1. 다음 대화의 밑줄 친 곳을 주어진 단어로 바꾸어 말하는 연습을 하세요.

A : それじゃ、<u>メールを送りましょう</u>か。
B : <u>メールは送らなくて</u>いいですよ。
A : そうですか。
B : ええ、そんなに急ぐもんじゃないんですから。

① いま予約をする ② すぐ始める
③ ノートパソコンを買う ④ 彼を呼ぶ
⑤ 鈴木さんに電話をかける ⑥ あした来る

2. 다음 대화의 밑줄 친 곳을 주어진 단어로 바꾸어 말하는 연습을 하세요.

A : 今度新しくできたレストランはどうですか。行ってみましたか。
B : ええ、先週行ってみましたが、どうもね。
A : <u>サービスがよくない</u>んですか。
B : ええ、<u>サービスがよくない</u>ばかりじゃなくて高いんですよ。
A : そうですか。それはざんねんですね。

① おいしくない ② メニューが少(すく)ない
③ 味がわるい ④ 魚が古い
⑤ 親切じゃない ⑥ 料理(りょうり)がおそい

연습문제

1. 녹음된 내용을 듣고, (　) 안의 말을 받아쓰세요.

① やっと (　　　　) ケータイを買ったんだ。

② うん、できるみたいだよ。最近はケータイ (　　　　) メールもネットもできるから、パソコンを (　　　　) 。

③ これからは、ケータイ１つで何でもできる時代になるでしょうね。(　　　　) 。

④ ケータイに使われるん (　　　　)、使いこなせるようにならないといけないですね。

2. 녹음된 내용을 듣고, 질문에 답변해 보세요.

① カメラ付きケータイと安いデジカメは、どちらが性能がいいですか。

→ ______________________________

② 最近のケータイは、どんなことができますか。

→ ______________________________

보충하기

■「～てもいい」「～なくてもいい」

「～てもいい」는「て」형에「も」가 접속된 형태에「いい(좋다)」가 이어진 것입니다. 일반적으로「～ても いい」의 문형으로「~해도 좋다」의 뜻을 나타냅니다. 따라서, 부정을 나타내는「～ない」에 접속이 되면「～なくてもいい」의 형태로 되어「~(하)지 않아도 좋다」의 뜻을 나타냅니다.

・ここに座(すわ)ってもいいですか。여기에 앉아도 좋습니까?
・お酒は飲まなくてもいい。술은 마시지 않아도 된다.

入ってもいいですか。들어가도 되나요?

はい、どうぞ。예, 들어오세요.

今度の日曜日は会社に行かなくてもいいから、うれしい。
이번 일요일은 회사에 안가도 되니, 기쁘네.

時間はたっぷりあるから、そんなに急がなくてもいいですよ。
시간은 충분히 있으니, 그렇게 서두르지 않아도 좋아요.

仕事が忙しい場合は、無理して来なくてもいいですよ。
일이 바쁜 경우는, 무리해서 오지 않아도 좋아요.

毎日でなくてもいいから、時々運動してください。
매일이 아니더라도 좋으니, 가끔 운동해주세요.

▶ 축약형

1)	～てしまう／～でしまう	～ちゃう／～じゃう
2)	～ては／～では	～ちゃ／～じゃ
3)	～なければ	～なきゃ
4)	～なくては	～なくちゃ
5)	～ても／～でも	～たって／～だって
6)	どうするの	どうすんの
7)	～られない	～らんない
8)	ここのところ	ここんとこ
9)	～ている	～てる
10)	～ていた	～てた
11)	～ていく	～てく
12)	～ておく	～とく
13)	～ていて	～てて
14)	～てあげる	～たげる
15)	というと／とは	って
16)	これは	こりゃ
17)	ありがとう	ありがと
18)	何をしているのよ	何してんのよ

부록

▶ 축약형

1)	~てしまう／~でしまう	~ちゃう／~じゃう
2)	~ては／~では	~ちゃ／~じゃ
3)	~なければ	~なきゃ
4)	~なくては	~なくちゃ
5)	~ても／~でも	~たって／~だって
6)	どうするの	どうすんの
7)	~られない	~らんない
8)	ここのところ	ここんとこ
9)	~ている	~てる
10)	~ていた	~てた
11)	~ていく	~てく
12)	~ておく	~とく
13)	~ていて	~てて
14)	~てあげる	~たげる
15)	というと／とは	って
16)	これは	こりゃ
17)	ありがとう	ありがと
18)	何をしているのよ	何してんのよ

▶ 분야별 단어정리

자동사	타동사
~iru	~osu
起きる(일어나다) ↔	起こす(일으키다)
落ちる(떨어지다) ↔	落とす(떨어뜨리다)
降りる(내리다) ↔	降ろす(내려놓다)
~eru	~(r)u
見える(보이다)	見る(보다)
切れる(끊어지다) ↔	切る(끊다)
焼ける(타다) ↔	焼く(태우다)
割れる(깨지다) ↔	割る(깨뜨리다)
折れる(꺾다)	折る(꺾다)
~eru /	~asu
出る(나오다) ↔	出す(내다)
冷える(식다) ↔	冷やす(식히다)
溶ける(녹다) ↔	溶かす(녹이다)
慣れる(익숙해지다) ↔	慣らす(익숙하도록 하다)
揺れる(흔들리다) ↔	揺らす(흔들다)
増える(늘다) ↔	増やす(늘리다)
燃える(타다) ↔	燃やす(태우다)
冷める(식다) ↔	冷ます(식히다)
濡れる(젖다) ↔	濡らす(적시다)
生える(자라나다) ↔	生やす(기르다)
逃げる(도망가다) ↔	逃がす(놓치다)

~reru	~su
流れる(흐르다) ↔	流す(흘리다)
汚れる(더러워지다) ↔	汚す(더럽히다)
こわれる(부서지다) ↔	こわす(부수다)
倒れる(쓰러지다) ↔	倒す(쓰러뜨리다)
隠れる(숨다) ↔	隠す(숨기다)
こぼれる(넘쳐흐르다) ↔	こぼす(흘리다)
~ru /	~su
通る(통하다) ↔	通す(통하게 하다)
残る(남다) ↔	残す(남기다)
直る(고쳐지다) ↔	直す(고치다)
起こる(일어나다) ↔	起こす(일으키다)
~aru /	~eru
おさまる(평정하다)	おさめる(평정되다)
代わる(교체되다)	代える(교체하다)
しまる(닫히다) ↔	しめる(닫다)
上がる(오르다) ↔	上げる(올리다)
下がる(내려가다) ↔	下げる(낮추다)
かかる(걸리다) ↔	かける(걸다)
始まる(시작되다) ↔	始める(시작하다)
当たる(맞다) ↔	当てる(맞히다)
見つかる(발견되다) ↔	見つける(발견하다)
止まる(멈추다) ↔	止める(세우다)
曲がる(구부러지다) ↔	曲げる(구부리다)
伝わる(전해지다) ↔	伝える(전하다)
あたたまる(따뜻해지다) ↔	あたためる(따뜻하게 하다)
決まる(정해지다) ↔	決める(정하다)
重なる(포개어지다) ↔	重ねる(겹치다)
集まる(모이다) ↔	集める(모으다)
変わる(변하다) ↔	変える(바꾸다)

~u /	~eru
あく(열리다) ↔	あける(열다)
立つ(서다) ↔	立てる(세우다)
育つ(자라다) ↔	育てる(키우다)
並ぶ(늘어서다) ↔	並べる(늘어놓다)
つく(켜지다) ↔	つける(키다)
続く(계속되다) ↔	続ける(계속하다)
届く((물건)도착하다) ↔	届ける(보내다)
痛む(통증을 느끼다) ↔	痛める(상하게 하다)
止む(그치다) ↔	止める(그만두다)
~u /	~asu
動く(움직이다) ↔	動かす(움직이게 하다)
乾く(마르다) ↔	乾かす(말리다)
減る(줄다) ↔	減らす(줄이다)
済む(끝나다) ↔	済ます(끝내다)
すく(비다) ↔	すかす(비워두다)
沸く(끓다) ↔	沸かす(끓이다)
~ru /	~seru
乗る(타다) ↔	乗せる(태우다)
着る(입다) ↔	着せる(입히다)
見る(보다) ↔	見せる(보여주다)
似る(닮다) ↔	似せる(모조하다)
불규칙	
なる(되다) ↔	する(하다)
はいる(들어가다) ↔	いれる(넣다)
ある、いる、行く、死ぬ、来る、	
	書く、着る、飲む、植える、読む
笑う、増す、吹く、張る	笑う、増す、吹く、張る

▶ 동사 활용

표현유형 접속어 동사종류	종지형	～ます형	～ない형	～て형
1 그룹동사	きく 듣다	ききます	きかない	きいて
	およぐ 수영하다	およぎます	およがない	およいで
	しぬ 죽다	しにます	しなない	しんで
	のむ 마시다	のみます	のまない	のんで
	あそぶ 날다	あそびます	あそばない	あそんで
	うたう 노래하다	うたいます	うたわない	うたって
	まつ 기다리다	まちます	またない	まって
	おわる 끝나다	おわります	おわらない	おわって
2 그룹동사	みる 보다	みますみない	みて	
	たべる 먹다	たべます	たべない	たべて
3 그룹동사	する 하다	します	しない	して
	勉強する공부하다	勉強します	勉強しない	勉強して
	くる 오다	きます	こない	きて
동일접속	～だろう, ～かもしれない ～はずだ, ～つもりだ ～ことにする ～と	～ます ～ましょう ～たい ～ながら ～やすい(にくい) ～すぎる	～(ら)れる ～(さ)せる ～(さ)せられる ～なければならない ～なくてもいい	～いる ～ください ～ほしい ～くる ～いく ～みる ～おく ～しまう

▶ 조사

격조사 : 주로 체언에 이어지며 문절의 관계를 나타낸다.

- 花が 咲く。 : 꽃이 핀다.〈주어〉
- 泳ぐのが 得意だ。 : 수영하는 것이 특기다.《주부》
- 私の車はアメリカの車だ。 : 내 차는 미국차이다.〈연체수식어로서 연체형〉
- 来年の春には、大学の入学試験を受ける。: 내년 봄에는 대학입시를 본다.
  〈연체수식어로서 연체형〉
- 今年の秋、結婚する。 : 금년가을에 결혼한다.《연체수식어》
- 母は、テレビを見ている。 : 어머니는 TV를 보고 있다.〈목적 · 대상〉
- 生徒が運動場に集合する。 : 학생이 운동장에 집합한다.〈장소〉
- 毎朝6時に起きます。 : 매일 6시에 일어납니다.〈시간〉
- 探検隊は、北へ向かった。 :탐험대는 북쪽으로 향했다.〈방향〉
- 母と買い物に出かける。 : 어머니와 쇼핑하러 나간다.〈공동의 상대〉
- 鉛筆とノートを買う。 : 연필과 노트를 산다.〈병립〉
- 取引先から連絡が来た。 : 거래처에서 연락이 왔다.〈기점〉
- 弟は私より背が高い。 : 남동생은 나보다 키가 크다.《체언》
- 公園で遊んでいる。 : 공원에서 놀고 있다.〈장소〉
- バスで行く。 : 버스로 간다.〈수단〉
- 紙で人形を作る。 : 종이로 인형을 만든다.〈재료〉
- 試験勉強で忙しい。 : 시험공부로 바쁘다.〈원인 · 이유〉
- 来年で父は還暦を迎える。: 내년으로 아버지는 환갑을 맞이한다.〈시한〉
- 電車やバスが通っている。 : 전차랑 버스가 지나가고 있다.〈병립〉

接続助詞 : 주로 용언이나 조동사에 붙어서 문절을 연결.

- 雨が降れば試合は中止だ。 : 비가 오면 시합은 중지한다.〈가정〉
- 馬もいれば、牛もいる。 : 말도 있고, 소도 있다.〈병립〉
- 早く行かないと、母に叱られる。 : 일찍 가지 않으면, 어머니에게 꾸지람 받는다.〈가정〉
- たとえ失敗しても、へこたれはしない。 :비록 실패해도 낙담하지는 않는다.〈역접〉
- いくら呼んでも、返事はなかった。 : 아무리 불러도 대답은 없었다.〈역접〉
- あの人は頭がいいけれど(けれども)、性格が悪い。

：저 사람은 머리가 좋지만, 성격이 나쁘다.〈역접〉

- 昨日は雨は降ったが、今日は快晴だ。：어제는 비가 왔지만, 오늘은 쾌청하다.〈역접〉
- 彼は何も知らないのに、知ったふりをする。

  ：그는 아무것도 모르는데, 아는 척을 한다.〈역접〉
- あまりにも寒いので、風邪をひいた。：너무나 춥기 때문에 감기가 들었다.〈원인 · 이유〉
- 機械が古いから、たびたび故障する。

  ：기계가 오래되었기 때문에 자주 고장이 난다.〈원인 · 이유〉
- 雨が降るし、風もふく。：비가 오고, 바람도 분다.〈병립〉
- 仕事が忙しくて、休めない。：일이 바빠서 쉴 수 없다.〈원인 · 이유〉
- この部屋は広くて、きれいだ。：이 방은 넓고 깨끗하다.〈병립〉
- 悪いと知りながら、改めない。：나쁘다고 알면서 고치지 않는다.

  (～にもかかわらず) 〈역접〉
- 先生はにこにこ 笑いながら、おっしゃった。

  ：선생님은 싱글벙글 웃으면서 말씀하셨다.〈동작이 동시발생〉
- 雑誌を読んだり、テレビを見たり している。：잡지를 읽거나, TV를 보거나 하고 있다.〈병립〉
- 自転車を買ったものの、全然乗っていない。：자전거를 샀지만, 전혀 타지 않는다.〈역접〉
- 今から行ったところで、間に合わないだろう。

  ：지금부터 가봤자, 제시간에 댈 수 없을 것이다.〈역접〉

부조사：여러가지 말에 붙어서 다양한 의미를 첨가한다.

- 私は 行きません。：나는 가지 않습니다.〈다른 것과의 구별하여 특별히 내세움〉
- 私も 行きます。：나도 갑니다.〈동류〉
- 今度こそ がんばって優勝するぞ。：이번에야말로 분발해서 우승하겠다.〈강조〉
- 小学生でさえ知っていることを、知らなかった。

  ：초등학생조차 알고 있는 것을 몰랐다.〈유추〉
- お茶でも 飲もうか。：차라도 마실까?〈대체적인 것〉
- 外国語は日本語しか わからない。：외국어는 일본어밖에 모른다.〈한정〉
- この道は、海辺まで 続いている。：이 길은 해변까지 계속되어있다.〈극한〉
- あと一日ばかり待ってください。：앞으로 하루만 기다려 주세요.〈정도〉

- それだけ わかれば、問題はない。：그것만 알면 문제는 없다.〈정도〉
- 勉強はすればするほど 面白い。：공부는 하면 할수록 재미있다.〈정도〉
- 3時くらい(ぐらい)に会いましょう。：3시 쯤에 만납시다.〈정도〉
- コンビニでパンや牛乳などを買いました。：편의점에서 빵이랑 우유 등을 샀습니다.〈예시〉
- 最初の一回きりでやめてしまった。：처음에 한번만 하고는 그만두고말았다.〈한정〉
- 頭が痛いなら医者に行くなりすればいいのに。

  ：머리가 아프다면 의사에게 가든지 하면 좋을 텐데.〈예시〉
- どこへ行くのやらわからない。：어디에 가든지 모르겠다.〈불확실〉
- 彼は、どこかへ出かけてしまった。：그는 어딘가에 나가버렸다.〈불확실〉
- 市場には野菜だの果物だの、たくさん売っていた。

  ：시장에는 야채다, 과일이다 해서, 많이 팔고 있다.〈병립〉

▶ 조동사

- **せる · させる** (사역)

  銀行へお使いに行かせる。：은행으로 심부름보내다.〔자동사〕

  友達を集めさせる。：친구를 모이게 한다〔타동사〕
- **れる · られる**

  友達に 笑われる：친구에게 웃음꺼리가 되다. →〈수동〉

  子供に 服をよごされる。：아이에게 옷을 더렵혔다. →〈수동〉

  朝 はやく 起きられる。：아침 일찍 일어날 수 있다. →〈가능〉

  去年のことが 思い出される。：작년의 일이 생각나다. →〈자발〉

  先生が 話される。：선생님이 이야기하시다. →〈존경〉

  先生に反省文を 書かせられました。

  ：선생님이 반성문을 쓰라고 해서 썼습니다. →〈사역수동〉
- **ない · ぬ(ん)**

  私は行かない。：나는 가지 않는다. →〈부정〉

  私は行かぬ。：나는 가지 않는다. →〈부정〉

  僕は行かん。：나는 가지 않는다. →〈부정〉

• う・よう

そんな薄着では寒かろう。: 그런 얇은 옷으로는 추울 것이다. →〈추량〉

立派なものを書こう。: 훌륭한 것을 쓰자. →〈의지〉

東京へ行こうと思っている。: 도쿄에 가려고 생각하고 있다. →〈예정〉

彼は学生でしょう。: 그는 학생일겁니다. →〈추정〉

行きましょう。: 갑시다. →〈의지 · 권유〉

• まい

雨は降るまい。: 비는 오지 않을 것이다. (雨は降らないだろう)→〈추량〉

あの人にはもう二度と会うまい。: 저 사람은 두 번 다시 만나지 않겠다.

(あの人にはもう二度と会わないことにしよう。) →〈의지〉

• たい

日本へ行きたい。: 일본에 가고 싶다. →〈희망〉

子供は何でも食べたがる。: 아이들은 뭐든지 먹고 싶어 한다. →〈제3자의 희망〉

• ます

私は行きます。: 나는 갑니다.「私は行く」의 공손한 말투. →〈정중〉

• た(だ)

昨夜九時に寝た。: 어제밤 9시에 잤다. →〈과거〉

勉強がいま終わった。: 공부가 지금 끝났다. →〈완료〉

壁を白く塗った。: 벽을 하얗게 칠했다. →〈상태〉

先日話したことは、私の聞き違いだった。

: 지난번에 이야기한 것은 내가 잘못 들은것이었다. →〈확인〉

• そうだ

雨が降りそうだ。: 비가 올 것 같다. →〈양태〉

雨が降るそうだ。: 비가 온댄다. →〈전문〉

• ようだ

この白さは、雪のようだ。: 이 하얀색의 정도는 눈 같다. →〈비유〉

なんと言ったのか、彼にもわからないようだ。

: 뭐라고 말한 것인지 그도 모르는 것 같다. →〈확정〉

彼のように正直な人は少ない。: 그 사람처럼 정직한 사람은 적다. →〈예시〉

• らしい

彼女はまもなく出かけるらしい。: 그녀는 바로 나갈 것 같다. →〈추정〉

• だ

これはパソコンだ。: 이것은 컴퓨터이다. →〈단정〉

• です

これはパソコンです。: 이것은 컴퓨터입니다. →〈단정〉

▶ 부사

다른 문절을 수식하여 의미를 자세히 부각시키며 그 성격에 따라 상태부사, 정도부사, 진술부사로 구분을 할 수 있다.

상태부사 : 주로 용언(특히 동사)의 문절을 수식하며, 그 동작 · 작용의 상태를 자세히 설명한다.

- 彼はいきなり立ち上がった。(그는 갑자기 일어섰다)
- 手の平にそっとのせる。(손바닥에 살짝 올려놓다)
- あすまた行きましょう。(내일 또 갑시다)
- この芽もやがて大きく成長するだろう。(이 싹도 크게 성장할 것이다)
- 歩いているうちに、ふと名案がうかんだ。(걷고 있는 동안에 문득 명안이 떠올랐다)

* 상태부사 중에는 의성어나 의태어로 나타내는 것이 상당수 있다.

① 사물의 소리를 그대로 나타낸다.

- 雨がザーッと降ってくる。(비가 좍좍 내렸다)
- 雷がゴロゴロとなる。(천둥이 우르릉 울었다)

② 사물의 소리를 느낌으로 나타낸다.

- ザブンと水に飛び込む。(첨벙 물에 뛰어들었다)
- 教室でワイワイ騒ぐ。(교실에서 와글와글 떠들다)

③ 상태를 나타낸다.

- ばったり会って、こそこそ逃げ出す。(딱 마주쳐서 살금살금 도망간다)
- すやすや眠りながら、ときどきにこっと笑う。
(새근새근 자면서 가끔 빙그레 웃는다)

정도부사 : 주로 용언(동사 · 형용사 · 형용동사)의 문절을 수식하며, 그 동작 · 作用의 상태를 자세히 설명한다.

- 今朝はたいそう冷えますね。(오늘아침에는 날씨가 무척 차군요)
- 今年の冬はかなり暖かい。(금년 겨울은 꽤 따뜻하다)
- ここまで来るとずいぶん静かだ。(여기까지 오자, 상당히 조용하다)
- もっと時間がほしい。(시간이 더 있으면 좋겠다)
- もっとゆっくり読んでください。(더 천천히 읽어 주십시오)

진술부사 : 이어지는 文節에 특별히 정해진 말을 동반한다.

- どうして そこへ行くのですか。: 왜 그곳으로 가는 겁니까?
- なぜ 泣くの。(왜 우니?)
- おそらく 彼は遅れて来るだろう。: 아마도 그는 늦게 올 것이다.
- たぶん そうでしょう。: 아마 그렇겠죠.
- たとえ 失敗してもくじけるな。: 비록 실패해도 좌절하지마라.
- いくら 聞いてもわからない。: 아무리 들어도 모른다.
- かりに そうだとしても…。: 가령 그렇다 해도…
- もし 試験に落ちても失望してはいけない。: 만약 시험에 떨어져도 실망해선 안된다.
- (もし 失敗したら悲しいだろうな。: 만약에 실패하면 슬프겠구나.
- けっして 悪いとは思わない。: 결코 나쁘다고는 생각하지 않는다.
- すこしも 難しくありません。: 조금도 어렵지 않습니다.
- まさか 雨は降らないだろう。: 설마 비는 오지 않겠지.
- よもや 雨は降るまい。: 설마 비는 오지 않을 것이다.
- 彼女の顔はちょうどたまごのような形をしている。
  : 그녀의 얼굴은 마치 계란 같은 모양을 하고 있다.
- まるで 夢のようですね。: 마치 꿈같네요.
- どうか ゆるしてください。: 모쪼록 용서해 주십시오.
- ぜひ 遊びに来てください。: 꼭 놀러 오십시오.

▶ 접속사

전후의 문절이나 文을 이어준다.

1. 병렬

※ 父は医者であり、また、小説家でもある。

: 아버지는 의사이며, 또한, 소설가이기도 하다.

※ 大阪に行った。そして、京都にも足をのばした。

: 오사카에 갔다. 그리고, 교토에도 발길을 옮겼다.

※ 日本の大貿易港は、横浜および神戸である。

: 일본의 큰 무역항은 요코하마 및 코오베이다.

※ 教え 且つ、学ぶ。: 가르치고 또한 배운다.

※ 日本語の勉強だけでも大変だ。まして、英語まではとても手が回らない。

: 일본어 공부만으로도 힘들다. 하물며 영어까지는 엄두도 못낸다. (⇒하물며)

2. 첨가:

※ まず家に寄って、それから、買い物に出かけよう。

: 우선 집에 들려서, 그리고 쇼핑하로 나가자.

※ 先日はお世話様でした。なお、結構なお土産までいただきまして…

: 지난번에는 신세를 많이 졌습니다. 게다가 좋은 선물까지 받아서… (⇒ さらに、また)

※ あの人は今もなお元気です。: 저 사람은 지금도 아직 건강합니다.

(부사로서 '여전히, 아직' 의 뜻이 나타난다)

※ 北海道のとうもろこしは美味しい。しかも 値段も安い。

: 홋카이도의 옥수수는 맛있다. 게다가 값도 싸다.

※ さらに、こんなことも言った。: 더욱이 이런 말도 했다.

※ 本を読み、またレポートを書いた。: 책을 읽고, 또 리포트를 썼다. (⇒ その上、それから)

※「また来てください」와「またご連絡させていただきます」에서「また」는 부사로서「もう一度」의 뜻을 나타낸다.

※ せっかく富士山に登ったのに頂上は霧で何も見えなかった。おまけに、さむくて さむくて…: 모처럼 후지산에 올라갔는데, 정상은 안개 때문에 아무것도 보이지 않았다. 더욱이 춥기만 해서…

★「並列」과「添加」는, 구분이 애매한 경우가 있기 때문에 양쪽 모두「並列 · 添加」로서 해두어도 좋다.

3. 선택 :

* 当日は、ペンあるいは鉛筆を持参すること。: 당일은 펜 혹은 연필을 지참할 것.
* テレビまたは新聞紙上でお知らせします。: TV, 또는 신문지상으로 알리겠습니다.
* その原稿をファックス もしくは、メールで送ってください。

  : 그 원고를 팩스 혹은 메일로 보내주십시오.
* 洋食がいいですか、それとも 和食がいいですか。

  : 양식이 좋습니까, 그렇지 아니면 일식이 좋습니까.

4. 설명 · 보충

* 私は学生のころ成績優秀で性格もよかった、つまり 優等生だった。

  : 나는 학생시절에 성적이 우수하고 성격도 좋았다, 즉 우등생이었다.
* だって、お金がなくなったんだもの。: 왜냐하면 돈이 없어졌잖아요.

  (⇒ でも、しかし、なぜなら)
* 入場自由。ただし、飲食物の持ち込みは禁止。

  : 입장자유. 단 음식물의 반입은 금지.
* 東京、すなわち日本の首都。: 도쿄, 즉 일본의 수도.
* 日本人は寿司が好きだ。もっとも例外はあるが。(⇒ただし、そうはいうものの)

  : 일본인은 스시를 좋아한다. 하기야 예외는 있지만.
* 彼は立派な人だ。なぜなら、責任感が強く、度量がある。

  : 그는 훌륭한 사람이다. 왜냐하면 책임감이 강하고, 도량이 있다.
* 十日で締め切ります。ただし、十日の消印のものは有効です。

  : 10일로 마감합니다. 단, 10일의 소인이 있는 것은 유효합니다.

  ※「それは彼の作品のうちでもっとも優れている。」에서「もっとも」는 부사로서,「무엇보다도 가장」의 뜻을 나타낸다.

  ※「それはもっともな話です。」에서「もっとも」는 な형용사로서「지당함, 당연함」의 뜻.

5. 순접

* 熱が高い。だから、学校を休むことにした。

  : 열이 높다. 그렇기 때문에 학교를 쉬기로 했다.
* ふと横を見た。すると、彼が立っていた。

: 문득 옆을 봤다. 그러자, 그가 서있었다.

※ この問題は各自の利害が対立している。ゆえに、意見の一致はなかなか難しい。

: 이 문제는 각자의 이해가 대립되고 있다. 때문에 의견의 일치는 꽤 어렵다.

※ ゴミの処理について苦情が出た。そこで、住民は集まって話し合いをすることにした。

: 쓰레기의 처리에 대해서 고충사항이 나왔다. 그래서, 주민은 모여서 서로 이야기를 하기로 했다.

※ 彼は努力家だ。したがって、成績も優秀だ。

: 그는 노력가다. 따라서 성적도 우수하다.

6. 역접

※ ケーキが食べたい。しかし、ダイエット中なので駄目である。

: 케익을 먹고싶다. 그러나 다이어트 중이여서 안된다.

※ 彼は医者で彼の妻は弁護士である。ところが、息子はニートで仕事も勉強も全然しない。

: 그는 의사이고, 그의 처는 변호사이다. 그런데, 아들은 건달이여서 일도 공부도 전혀 하지 않는다.

※ ひどく疲れていた。けれど(も)、じっとがまんした。

: 굉장히 피곤해 있었다. 그렇지만, 가만히 참고 있었다.

※ 彼はよく勉強する。だが、成績はよくない。

: 그는 공부를 잘 한다. 하지만 성적은 좋지 않다.

7. 화제전환

※ さて、話の本題に入りましょう。

: 자, 이야기의 본론으로 들어갑시다.

※ これで発表は終わりです。ところで、山田さんはどうしましたか。

: 이것으로 발표는 끝입니다. 그런데, 야마다 씨는 뭐지요?

※ ところで、昨日の例の件はどうするつもり?

: 그런데, 어제 그 件은 어떻게 할꺼야?

※ みなさんお元気そうでなによりです。ときに、先日、山田さんに会いました。

: 모두 건강해 보여서 무엇보다 다행이네요. 아참, 그런데, 지난번에 야마다씨를 만났습니다.

▶ 경어

경어란 상대나 제3자에게 경의를 나타내는 말로서 존경어 · 겸양어 · 정중어로 구분이 된다.

• 존경어 … 상대나 제3자를 받들어서 존경을 나타내는 말.

• 겸양어 … 주로 話者가 자신을 겸손하게 낮추는 말.

• 정중어 … 대등한 입장에서 상호간에 공손히 하는 말.

동사에 있어서 경어표현은 존경어의 경우「お + 연용형 + になる」의 문형을 취하거나, 조동사인 「~(ら)れる」에 접속하여 나타낸다.

겸양어의 경우는 일반적으로「お + 연용형 + する」의 문형을 취하고 있다.

그러나, 일부 동사에는 특별한 표현의「존경동사」「겸양동사」가 별도로 있다.

※ 다음의 존경동사 겸양동사를 참고로 하자.

普通語	尊敬語	謙譲語
いる	いらっしゃる · おいでになる	おる
来る	いらっしゃる · おいでになる	参る · 伺う
	見える · お見えになる	
	お越しになる	
行く	いらっしゃる·おいでになる	参る · 伺う
言う	おっしゃる	申す · 申し上げる
する	なさる · される	いたす
食べる	召し上がる	いただく
飲む	召し上がる	いただく
見る	ご覧になる	拝見する
聞く	お耳に入る	うかがう · 承る
訪ねる	○	うかがう

会う	○	お目にかかる
寝る	おやすみになる	やすむ
思う	○	存じる
借りる	○	拝借する
知っている	ご存知だ	存じている・存じ上げている
もらう	○	頂戴する・いただく
くれる	くださる	○
やる・あげる	○	さしあげる

저자

한 · 일 일본어교재개발연구위원회

이경수 한국방송통신대학교 일본학과 교수
김은희 탐라대학교 관광학부 교수
정찬희 백석대학 일본어과 교수
송승희 열린 사이버 대학 일본어과 교수
정진우 교재개발연구소장
오츠카가오루(大塚薫) 高知大学留学生センター-전임강사
하야카와요시하루(早川義春) 일본 페리스죠가쿠인대학 교수
미네자키토모코(峰崎知子) 한국방송통신대학교 객원교수

라이브인 일본어 입문2

저자 한 · 일 일본어교재개발연구위원회
초판 1쇄 발행일 2006년 02월 13일
초판 2쇄 발행일 2009년 04월 27일

발행인 박효상
영업책임 이종선, 이태호
편집책임 신제찬, 김진아
표지 · 본문디자인 선영숙
출판등록 제10-1835호
발행처 사람in
주소 121-839 서울시 마포구 서교동 379-10
전화 02)338-3555(代)
팩스 02)338-3545
e-mail saramin@netsgo.com
Homepage www.saramin.com

* 책값은 표지 뒷면에 있습니다.
* 파본은 바꾸어 드립니다.

ISBN 978-89-89540-74-8

라이브인 일본어

입문 ❷

연습문제 정답 및
듣기문제 스크립트

LIVE IN JAPANESE

第1課

〔쓰기1〕

① 聞いています　② 会っています　③ 待っています
④ 止っています　⑤ 休んでいます　⑥ 並んでいます
⑦ 来ています　⑧ しています　⑨ 起きています

〔쓰기2〕

① 映画を見るつもりです。 映画を見る予定です。
② 10時に帰るつもりです。 10時に帰る予定です。
③ 秋ごろ結婚するつもりです。 秋ごろ結婚する予定です。
④ 明日会うつもりです。 明日会う予定です。

〔말하기1〕

① 歯を磨いて、顔をあらいます。
② ご飯を食べて、お茶を飲みます。
③ お茶を飲んで、家を出ます。
④ 家を出て、バスに乗ります。
⑤ バスに乗って、会社へ行きます。

〔말하기2〕

① A : 日曜日(にちようび)、何(なに)をしますか。
　B : 彼女(かのじょ)と会って映画を見ます。
② A : 仕事(しごと)の後(あと)、何(なに)をしますか。
　B : お酒(さけ)を飲んでカラオケに行きます。
③ A : 授業(じゅぎょう)の後、何(なに)をしますか。
　B : 家に帰って予習(よしゅう)をします。
④ A : お正月(しょうがつ)、何(なに)をしますか。
　B : おもちを食べてゆっくり寝(ね)ます。

〔듣기1〕

① あつまって　② はいって
③ やすんで　④ 見ながら、食べて

〔듣기2〕

①: 友達と一緒に集まって、忘年会と新年会をします。

②: いいえ、家でこたつに入ってみかんを食べながらテレビをみるつもりです。

• 듣기 문제 스크립트 •

聞き取り問題 1

① 友達が (あつまって) います。

② こたつに (はいって) います。

③ 家で (やすんで) います。

④ テレビを (見ながら) みかんを (食べて) います。

聞き取り問題 2

カリーヌさんは、冬休み、国に一時帰国して休みます。ポール君は友達と一緒に集まって忘年会と新年会をします。リュウさんは、中国から家族が来て、一緒に旅行するつもりです。ソラさんは、家でこたつに入ってみかんを食べながらテレビを見るつもりです。

第2課

〔쓰기1〕

① まつ	→ まちます	→ まっています
② はなす	→ はなします	→ はなしています
③ のる	→ のります	→ のっています
④ あそぶ	→ あそびます	→ あそんでいます
⑤ よむ	→ よみます	→ よんでいます
⑥ きく	→ ききます	→ きいています
⑦ おきる	→ おきます	→ おきています
⑧ ねる	→ ねます	→ ねています
⑨ くる	→ きます	→ きています
⑩ する	→ します	→ しています
⑪ すわる	→ すわります	→ すわっています
⑫ はいる	→ はいります	→ はいっています
⑬ いく	→ いきます	→ いっています

〔쓰기2〕

① 食べる	→ 食べますから	→ 食べませんから	→ 食べましたから
② 飲む	→ 飲みますから	→ 飲みませんから	→ 飲みましたから
③ 帰る	→ 帰りますから	→ 帰りませんから	→ 帰りましたから
④ 休む	→ 休みますから	→ 休みませんから	→ 休みましたから
⑤ 終わる	→ 終わりますから	→ 終わりませんから	→ 終わりましたから
⑥ 始まる	→ 始まりますから	→ 始まりませんから	→ 始まりましたから
⑦ 入る	→ 入りますから	→ 入りませんから	→ 入りましたから
⑧ 来る	→ きますから	→ きませんから	→ きましたから

〔말하기1〕

① A : この人はなにをしていますか。
B : コーヒーを飲んでいます。

② A : この人はなにをしていますか。
B : 勉強をしています。

③ A : この人はなにをしていますか。
B : デートをしています。

④ A : この人はなにをしていますか。
B : 新聞を読んでいます。

〔말하기2〕

① A : なにをしていますか。
B : ちょっと雑誌を読んでいます。
A : コーヒーでものみましょうか。
B : いいですね。そうしましょう。

② A : なにをしていますか。
B : ちょっとやすんでいます。
A : コーヒーでものみましょうか。
B : いいですね。そうしましょう。

③ A : なにをしていますか。
B : ちょっと音楽をきいています。
A : コーヒーでものみましょうか。
B : いいですね。そうしましょう。

④ A : なにをしていますか。

B : ちょっと書類を書いています。

A : コーヒーでものみましょうか。

B : いいですね。そうしましょう。

⑤ A : なにをしていますか。

B : ちょっとインターネットを検索しています。

A : コーヒーでものみましょうか。

B : いいですね。そうしましょう。

⑥ A : なにをしていますか。

B : ちょっと資料をしらべています。

A : コーヒーでものみましょうか。

B : いいですね。そうしましょう。

〔듣기1〕

① ねんがじょう	② しゅみ
③ よてい	④ りょこう

〔듣기2〕

① 書道です。

② 温泉に行く予定です。

• 듣기 문제 스크립트 •

聞き取り問題 1

① 初さんは筆で (ねんがじょう) を書いています。

② 初さんの (しゅみ) は書道です。

③ 一緒に温泉に行く (よてい) です。

④ (りょこう) を楽しみにしています。

聞き取り問題 2

初さんは筆で年賀状を書いています。初さんの趣味は書道です。由子さんの趣味は、お菓子作りと旅行です。一ヶ月に一度は、必ず旅行に行っています。今度、ソラさんと一緒に温泉に行く予定です。ソラさんは、旅行を楽しみにしています。

第3課

〔쓰기1〕

① むずかしそうです　② おもしろそうです　③ たかそうです

④ ひまそうです　⑤ むりそうです　⑥ まじめそうです

⑦ おわりそうです　⑧ きそうです　⑨ やくにたちそうです

〔쓰기2〕

① 恵理ちゃんという友達です。

② アニ研というサークルです。

③ 山中湖という湖です。

④ せんべいというお菓子です。

⑤ 宮島という観光地です。

⑥ 立山という山です。

〔말하기1〕

① A：いつごろ来ますか。

B：すぐ来ます。

A：10分ぐらいで来るでしょうか。

B：ええ、来そうです。

② A：いつごろ終わりますか。

B：すぐ終わります。

A：10分ぐらいで終わるでしょうか。

B：ええ、終わりそうです。

③ A：いつごろできますか。

B：すぐできます。

A：10分ぐらいでできるでしょうか。

B：ええ、できそうです。

④ A：いつごろはいりますか。

B：すぐはいります。

A：10分ぐらいではいるでしょうか。

B：ええ、はいりそうです。

〔말하기2〕

① A : 高そうな店ですね。

B : ええ、高そうなんですが、実はそうじゃないんです。

A : 高くないんですか。

B : ええ、あまり…。

A : そうですか。

② A : おいしそうなパンですね。

B : ええ、おいしそうなんですが、実はそうじゃないんです。

A : おいしくないんですか。

B : ええ、あまり…。

A : そうですか。

③ A : 元気そうなこどもですね。

B : ええ、元気そうなんですが、実はそうじゃないんです。

A : 元気ではないんですか。

B : ええ、あまり…。

A : そうですか。

④ A : 大変そうな仕事ですね。

B : ええ、大変そうなんですが、実はそうじゃないんです。

A : 大変ではないんですか。

B : ええ、あまり…。

A : そうですか。

⑤ A : やくにたちそうな辞書ですね。

B : ええ、やくにたちそうなんですが、実はそうじゃないんです。

A : やくにたたないんですか。

B : ええ、あまり…。

A : そうですか。

⑥ A : 雨が降りそうな天気ですね。

B : ええ、雨が降りそうなんですが、実はそうじゃないんです。

A : 雨が降らないんですか。

B : ええ、あまり…。

A : そうですか。

〔말하기3〕

① A : これはなんというものですか。

B : 三味線という楽器です。

② A : これはなんというものですか。

B : こけしという人形です。

③ A : これはなんというものですか。

B : お雑煮というお正月の食べ物です。

〔듣기1〕

① 美味しそうな　② おせち料理、１月１日

③ 大みそか　④ 楽しみ

〔듣기2〕

① おそばをたべます。

② 1月1日(元旦、お正月)に食べます。

• 듣기 문제 스크립트 •

聞き取り問題１

① わあ、(美味しそうな) 料理ですね。お腹がすきました。

② これは (おせち料理) という料理です。明日、(１月１日) に食べますよ。

③ 今日は、(大みそか) ですから、おそばを食べます。

④ おそばも、おせち料理も(楽しみ)です。じゃ、すぐに準備をしてきますね。

聞き取り問題２

日本では、12月31日、大みそかの日には大掃除をします。ソラさんは
家の大掃除を手伝いました。大みそかには、おそばを食べます。
そして1月1日、元旦にはおせち料理を食べます。

第４課

〔쓰기1〕

① 窓が開けてあります。　② ドアがしめてあります。

③ 切手がはってあります。

④ 日本語で書いてあります。

⑤ 本がならべてあります。

⑥ 落書が消してあります。

〔쓰기2〕

① 飲める

② 借りられる

③ 話せる

④ 着られる

⑤ 帰れる

⑥ 歌える

⑦ できる

⑧ 待てる

⑨ 泳げる

〔쓰기3〕

① ギターがひけます。

② 日本語で手紙が書けます。

③ ドイツ語が話せます。

④ お酒が飲めます。

⑤ インターネットができます。

⑥ 肉が食べられます。

⑦ 空を飛べます。

⑧ ゴルフがやれます。

〔쓰기4〕

① 先生からもらったプレゼント

② 彼女にあげたお土産

③ ゆうべ見た映画

④ コーヒーショップで食べたケーキ

⑤ さっき読んだ新聞

〔말하기1〕

① A : 窓があいていますね。

B : そうですね。だれがあけたんでしょう。

A : わかりませんね。

B : しめましょうか。

A : いいえ、あいているほうがいいです。

② A : ストーブが消えていますね。

B : そうですね。だれが消したんでしょう。

A : わかりませんね。

B : つけましょうか。

A : いいえ、消えているほうがいいです。

③ A : ドアがしまっていますね。

B : そうですね。だれがしめたんでしょう。

A : わかりませんね。

B : あけましょうか。

A : いいえ、しまっているほうがいいです。

〔말하기2〕

① A : 李さん、漢字字典がひけますか。

B : ええ、少しはひけますが、あまりうまくひけません。

A : いいですね。私はぜんぜんひけないんです。

② A : 李さん、英語の歌がうたえますか。

B : ええ、少しはうたえますが、あまりうまくうたえません。

A : いいですね。私はぜんぜんうたえないんです。

③ A : 李さん, フランス語が話せますか。

B : ええ、少しは話せますが、あまりうまく話せません。

A : いいですね。私はぜんぜん話せないんです。

④ A : 李さん, ゴルフがやれますか。

B : ええ、少しはやれますが、あまりうまくやれません。

A : いいですね。私はぜんぜんやれないんです。

〔듣기1〕

① 飾ってあります　② お願いごと

③ お金持ち　④ 引いた

〔듣기2〕

① お寺や神社に行きます。

② 素敵でお金持ちの男性と会いたいと書きました。

• 듣기 문제 스크립트 •

聞き取り問題 1

① あそこには、何か (飾ってあります) ね。

②(お願いごと)を裏に書いてあそこにつるします。

③ 素敵で (お金持ち) の男性と会いたいと書きます。

④ 向こうで (引いた) おみくじをあそこに結びます。

聞き取り問題 2

日本では、お正月に初詣をします。初詣はお寺や神社に行きます。

お寺や神社には、裏にお願い事を書く絵馬や一年の運勢が書いてあるおみくじがあります。
ソラさんは、絵馬に素敵でお金持ちの男性と会いたいと書きました。

第5課

〔쓰기1〕

① テレビを見ているひと　② 眼鏡をかけている男の人

③ 椅子にすわっている女の人　④ かばんを持っている方

〔쓰기2〕

① 掃除をしたり洗濯をしたりします。

② 料理を作ったりお茶をいれたりします。

③ 散歩をしたり友だちに会ったりします。

④ 話をしたりお茶を飲んだりします。

⑤ 辞書をひいたりインターネットで検索をしたりします。

〔말하기1〕

① A : あの人はだれですか。

B : え、どこですか。

A : あそこに、立っている男の人です。

B : ああ、あの人は私の弟です。

② A : あの人はだれですか。

B : え、どこですか。

A : あそこに、眼鏡をかけている女の人です。

B : ああ、あの人は私の妹です。

③ A : あの人はだれですか。

B : え、どこですか。

A : あそこに、かばんを持っている方です。

B : ああ、あの人は私の先生です。

④ A : あの人はだれですか。

B : え、どこですか。

A : あそこに、コートを着ている人です。

B : ああ、あの人は私の兄です。

〔말하기2〕

① A : 昨日はなにをしましたか。

B : 映画を見たりドライブに行ったりしました。金さんは?

A : 私は一日中バイトでしたよ。

B : それはたいへんでしたね。

② A : 昨日はなにをしましたか。

B : お酒を飲んだりカラオケに行ったりしました。金さんは?

A : 私は一日中バイトでしたよ。

B : それはたいへんでしたね。

③ A : 昨日はなにをしましたか。

B : レポートを書いたり資料をしらべたりしました。金さんは?

A : 私は一日中バイトでしたよ。

B : それはたいへんでしたね。

④ A : 昨日はなにをしましたか。

B : 部屋の掃除をしたり洗濯をしたりしました。金さんは?

A : 私は一日中バイトでしたよ。

B : それはたいへんでしたね。

〔듣기1〕

① 着ている　② 第２月曜日

③ 開いたり、コンサートをしたり　④ 着たの

〔듣기2〕

① 1月の第２月曜日です。

② 振袖を着ます。

• 듣기 문제 스크립트 •

聞き取り問題 1

① 着物を (着ている) 女の子がたくさんいますね。

② １月の (第２月曜日) だから成人の日ですね。成人式に行くんでしょうね。

③ 講演会を (開いたり) 歌手を呼んで (コンサートをしたり) します。
④ 家に、恵理が (着たの) がありますよ。

聞き取り問題２
日本では、１月の第２月曜日は成人の日です。成人の日には成人式をします。
成人式は、市や町で、講演会を開いたりコンサートをしたりして、
成人を迎える人を祝う式です。成人式では、多くの女性が振袖を着ます。

第6課

〔쓰기1〕
① 彼は帰ったそうです。
② お酒は飲まないそうです。
③ 会わなかったそうです。
④ 試験がむずかしいそうです。
⑤ 学生の時代は真面目だったそうです。
⑥ おもしろかったそうです。
⑦ 前から知っていたそうです。
⑧ 来月東京へ行くそうです。
⑨ 日本人ではないそうです。
⑩ 全然わからなかったそうです。

〔쓰기2〕
① 日曜日だし、天気もいいです。
② まじめだし、才能もあります。
③ 親切だし、きれいです。
④ 仕事もないし、お金もありません。
⑤ おいしいし、値段もやすいです。

〔말하기1〕
① A : 鈴木さんが入院したそうですね。
B : ええ、どうしたんですか。
A : 交通事故だそうです。
B : あ、そうですか。お見舞いに行かなくちゃ…。
② A : 鈴木さんが入院したそうですね。
B : ええ、どうしたんですか。
A : 肺が悪くなったそうです。
B : あ、そうですか。お見舞いに行かなくちゃ…。
③ A : 鈴木さんが入院したそうですね。

B：ええ、どうしたんですか。

A：過労で倒れたそうです。

B：あ、そうですか。お見舞いに行かなくちゃ…。

④ A：鈴木さんが入院したそうですね。

B：ええ、どうしたんですか。

A：階段で転んだそうです。

B：あ、そうですか。お見舞いに行かなくちゃ…。

〔말하기2〕

① A：あしたは試験も終わったし、休みですからあそびに行きましょうか。

B：ええ、それはいいですね。

② A：あしたはみんなが集まるし、ひさしぶりですからあそびに行きましょうか。

B：ええ、それはいいですね。

③ A：あしたは学校も休みだし、宿題もありませんからあそびに行きましょうか。

B：ええ、それはいいですね。

④ A：あしたは日曜日だし、天気もいいですからあそびに行きましょうか。

B：ええ、それはいいですね。

〔듣기1〕

① 露天風呂　　② 温泉に入る

③ しかいなくて　　④ 初めて

〔듣기2〕

① 草津温泉へ行きました。

② ホストファミリーと一緒に行きました。

• 듣기 문제 스크립트 •

聞き取り問題 1

① (露天風呂) もありますか。

② 雪を見ながら (温泉に入る) ことができます。

③ 女性はおばあさん (しかいなくて) 、とても残念でした。

④ そんな話 (初めて) 聞きました。

聞き取り問題 2

ソラさんは、ホストファミリーと一緒に草津温泉に行きました。
草津温泉は日本で有名な温泉の一つです。神経痛や疲労回復、美容にいいそうです。
露天風呂もあります。冬は、雪を見ながら温泉に入ることができます。
ここの露天風呂は混浴ではありません。

第7課

〔쓰기1〕 각자 연습해 보세요.

〔쓰기2〕

① 父にパソコンをもらいました。 ② 母にセーターをもらいました。
③ 兄にボールペンをもらいました。 ④ 姉におみやげをもらいました。
⑤ 誰にネクタイをもらいましたか。 ⑥ 友だちにコンサートの切符をもらいました。

〔말하기1〕

① A : 新しいパソコンですね。
B : ええ、この間買ったんです。
A : 前のはどうしたんですか。
B : 古くなったから弟にやったんです。
A : そうですか。僕もこれがほしいです。

② A : 新しいパソコンですね。
B : ええ、この間買ったんです。
A : 前のはどうしたんですか。
B : 古くなったから友だちにあげたんです。
A : そうですか。僕もこれがほしいです。

③ A : 新しいパソコンですね。
B : ええ、この間買ったんです。
A : 前のはどうしたんですか。
B : 古くなったからナナコさんにあげたんです。
A : そうですか。僕もこれがほしいです。

④ A：新しいパソコンですね。

B：ええ、この間買ったんです。

A：前のはどうしたんですか。

B：古くなったから妹の友だちにあげたんです。

A：そうですか。僕もこれがほしいです。

〔말하기2〕

① A：いい電子辞書ですね。どこで買ったんですか。

B：これは買ったんじゃないんです。もらったんです。

A：だれにもらったんですか。

B：父にもらったんです。

② A：いいケータイですね。どこで買ったんですか。

B：これは買ったんじゃないんです。もらったんです。

A：だれにもらったんですか。

B：母にもらったんです。

③ A：いいかばんですね。どこで買ったんですか。

B：これは買ったんじゃないんです。もらったんです。

A：だれにもらったんですか。

B：姉にもらったんです。

④ A：いいサングラスですね。どこで買ったんですか。

B：これは買ったんじゃないんです。もらったんです。

A：だれにもらったんですか。

B：彼女にもらったんです。

〔듣기1〕

① 紙袋　② チョコレート

③ 上司や同僚　④ ホワイトデーのお返し

〔듣기2〕

① 義理チョコでした。

② ホワイトデーにします。

• 듣기 문제 스크립트 •

聞き取り問題 1

① その大きな (紙袋) は何ですか。

② これは、全部 (チョコレート) です。ソラちゃんにもあげますよ。

③ 会社の (上司や同僚) に、感謝の意味で、チョコを配るんですよ。

④ (ホワイトデーのお返し) が大変そうですね。

聞き取り問題 2

お父さんは、バレンタインデーにたくさんチョコレートをもらいました。
でも、全部義理チョコでした。 義理チョコは、会社の上司や同僚に、感謝の意味で配る
チョコレートです。お父さんは、ホワイトデーのお返しが大変で、今から頭が痛いそうです。

第8課

〔쓰기1〕

① 飲む	→ 飲める	→ 飲むことができる
② 話す	→ 話せる	→ 話すことができる
③ 歩く	→ 歩ける	→ 歩くことができる
④ 打つ	→ 打てる	→ 打つことができる
⑤ 眠る	→ 眠れる	→ 眠ることができる
⑥ 食べる	→ 食べられる	→ 食べることができる
⑦ 起きる	→ 起きられる	→ 起きることができる
⑧ 寝る	→ 寝られる	→ 寝ることができる
⑨ 来る	→ 来られる	→ 来ることができる
⑩ する	→ できる	→ することができる

〔쓰기2〕

① 本当におもしろいんです。　② 先週はいそがしかったんです。

③ あまりおもしろくないんです。　④ 荷物がおもかったんです。

〔쓰기3〕

① お酒がすきなんです。

② 高校の時はまじめだったんです。

③ 便利だったんです。

④ あまり上手ではないんです。

〔쓰기4〕

① よく知らないんです。

② 毎日つかれているんです。

③ なんにもわからなかったんです。

④ 友だちがまっているんです。

⑤ 日曜はうちにいるんです。

⑥ お酒を飲んだんです。

〔말하기1〕

① A : 金さんが作ったらどうですか。

B : えっ、私ですか。私は人形を作ることはできませんよ。

A : そうですか。作れないんですか。

B : ええ、すみません。

② A : 金さんがひいたらどうですか。

B : えっ、私ですか。私はギターをひくことはできませんよ。

A : そうですか。ひけないんですか。

B : ええ、すみません。

③ A : 金さんが歌ってみたらどうですか。

B : えっ、私ですか。私は歌を歌うことはできませんよ。

A : そうですか。歌えないんですか。

B : ええ、すみません。

④ A : 金さんが教えてみたらどうですか。

B : えっ、私ですか。私は英語を教えることはできませんよ。

A : そうですか。教えられないんですか。

B : ええ、すみません。

〔말하기2〕

① A : 今日はこれで失礼します。

B : えっ、山田さんは飲まないんですか。

A : ええ。体の具合がわるいんです。

B : あ、そうですか。

② A : 今日はこれで失礼します。

B : えっ、山田さんは飲まないんですか。

A : ええ。国から母が来るんです。

B : あ、そうですか。

③ A : 今日はこれで失礼します。

B : えっ、山田さんは飲まないんですか。

A : ええ。明日試験があるんです。

B : あ、そうですか。

④ A : 今日はこれで失礼します。

B : えっ、山田さんは飲まないんですか。

A : ええ。友だちが待っているんです。

B : あ、そうですか。

〔듣기1〕

① 飾れます　② 成長するために

③ 5月5日　④ 似ている、特別な

〔듣기2〕

① 3月3日です。

② かしわもちを食べます。

• 듣기 문제 스크립트 •

聞き取り問題 1

① 今年はソラちゃんがいるから、ひな人形を (飾れます)ね。

② 女の子が健康に (成長するために) 祝うお祭りです。

③ 韓国では、(5月5日) がこどもの日で、男の子と女の子、一緒にお祝いしますよ。

④ へえ。(似ている) けど、違うんですね。韓国では、(特別な) 食べ物はあるんですか。

聞き取り問題 2

3月3日はひな祭りです。ひな祭りは、女の子が健康に成長するために祝うお祭りです。
ひな人形や桃の花などを飾ってお祝いします。
桜もちという食べ物も食べます。男の子のお祭りもあります。5月5日のこどもの日です。
この日は、武者人形を飾ったりこいのぼりをたてたりしてお祝いします。
この日は、かしわもちを食べます。

第9課

〔쓰기1〕

① 休むわけですね
② 会ったわけですね
③ 来ないわけですね
④ お金がないわけですね
⑤ 買わなかったわけですね
⑥ 売れるわけですね

〔쓰기2〕

① ギターならひけます。
② ビールなら飲めます。
③ ひらがななら書けます。
④ 日本語なら教えられます。
⑤ ワープロなら打てます。
⑥ 近くなら行けます。

〔말하기1〕

① A：どうしたんですか。
B：ええ、体の具合が悪いんです。
A：それで今日の飲み会に行かないわけですね。
B：ええ、すみません。

② A：どうしたんですか。
B：ええ、体の具合が悪いんです。
A：それでお酒を飲まないわけですね。
B：ええ、すみません。

③ A：どうしたんですか。
B：ええ、体の具合が悪いんです。
A：それで明日休むわけですね。
B：ええ、すみません。

④ A：どうしたんですか。
B：ええ、体の具合が悪いんです。
A：それで昨日来なかったわけですね。
B：ええ、すみません。

〔말하기2〕

① A：車を買うんですか。
B：はい、でも小さいのなら買えますが、大きいのは買えないだろうと思います。

② A : お酒を飲むんですか。

B : はい、でもビールなら飲めますが、焼酎は飲めないだろうと思います。

③ A : このパンを食べるんですか。

B : はい、でも半分なら食べられますが、全部は食べられないだろうと思います。

④ A : ドライブに行くんですか。

B : はい、でも近くなら行けますが、遠くは行けないだろうと思います。

〔듣기1〕

① 楽しみ　　② ごちそうを食べたり

③「花より団子」　　④ それほど

〔듣기2〕

① 桜の下でごちそうを食べたり、お酒を飲んだり、カラオケをしたりします。

② 徹夜をします。

• 듣기 문제 스크립트 •

聞き取り問題 1

① そろそろお花見の季節ですね。今年も (楽しみ) だな。

② 桜の下で (ごちそうを食べたり)、お酒を飲んだり、カラオケをしたりするんですよね。

③ (「花より団子」) という言葉もありますよね。

④ 韓国でもお花見をしますけど、(それほど) ではないですね。

聞き取り問題 2

日本のお花見は、桜の下でごちそうを食べたり、お酒を飲んだり、カラオケをしたりします。
たくさんの人がお花見をしますから、いい場所を取るために徹夜をする人もいます。
韓国でもお花見をしますが、それほどではありません。
韓国の桜の名所は、ヨイドやナムサン、ジンへなどがあります。

第10課

〔쓰기1〕

① お酒は飲まなくてもいいです。　　② そんなに急がなくてもいいです。

③ ストーブはつけなくてもいいです。

④ メールは送らなくてもいいです。

⑤ 煙草はすわなくてもいいです。

⑥ 毎日しなくてもいいです。

⑦ 明日来なくてもいいです。

⑧ いま払わなくてもいいです。

〔쓰기2〕

① 彼に電話番号を教えてもらいました。

② 母にセーターを編んでもらいました。

③ 彼にかばんを買ってもらいました。

④ 姉の友だちにきれいな人形を作ってもらいました。

⑤ 父にパソコンを買ってもらいました。

⑥ これはだれに見てもらいましたか。

〔말하기1〕

① A：それじゃ、ノートパソコンを買いましょうか。
B：ノートパソコンは買わなくてもいいですよ。
A：そうですか。
B：ええ、そんなに急ぐもんじゃないですから。

② A：それじゃ、鈴木さんに電話をかけましょうか。
B：鈴木さんに電話をかけなくてもいいですよ。
A：そうですか。
B：ええ、そんなに急ぐもんじゃないですから。

③ A：それじゃ、あした来ましょうか。
B：あした来なくてもいいですよ。
A：そうですか。
B：ええ、そんなに急ぐもんじゃないですから。

④ A：それじゃ、すぐ始めましょうか。
B：すぐ始めなくてもいいですよ。
A：そうですか。
B：ええ、そんなに急ぐもんじゃないですから。

⑤ A：それじゃ、彼を呼びましょうか。
B：彼を呼ばなくてもいいですよ。
A：そうですか。
B：ええ、そんなに急ぐもんじゃないですから。

⑥ いま予約をする。

A : それじゃ、いま予約をしましょうか。

B : いま予約をしなくてもいいですよ。

A : そうですか。

B : ええ、そんなに急ぐもんじゃないですから。

〔말하기2〕

① A : この資料は自分で調べたんですか。

B : いいえ、兄に調べてもらったんです。

A : そうですか。いつもお兄さんに調べてもらうんですか。

B : いいえ、たいていは自分で調べますが、この資料だけ調べてもらったんです。

② A : このコーヒーは自分でいれたんですか。

B : いいえ、兄にいれてもらったんです。

A : そうですか。いつもお兄さんにいれてもらうんですか。

B : いいえ、たいていは自分でいれますが、このコーヒーだけいれてもらったんです。

③ A : この料理は自分で作ったんですか。

B : いいえ、兄に作ってもらったんです。

A : そうですか。いつもお兄さんに作ってもらうんですか。

B : いいえ、たいていは自分で作りますが、この料理だけ書いてもらったんです。

④ A : この部屋は自分で掃除をしたんですか。

B : いいえ、兄に掃除をしてもらったんです。

A : そうですか。いつもお兄さんに掃除をしてもらうんですか。

B : いいえ、たいていは自分で掃除をしますが、この部屋だけ掃除をしてもらったんです。

〔듣기1〕

① 韓国人留学生　　② じゃなくても

③ 頑張るつもり　　④ 入ってもらえますか

〔듣기2〕

① コンビニでバイトをします。

② 5時間します。

• 듣기 문제 스크립트 •

聞き取り問題 1

① 私、(韓国人留学生) なんですけど、ここでバイトができますか。

② 日本人 (じゃなくても) いいですが、日本語は大丈夫ですか。

③ はい、大丈夫だと思います。一生懸命、(頑張るつもり) です。

④ じゃあ、3時から8時まで (入ってもらえますか)。

聞き取り問題 2

ソラさんは、コンビニのアルバイトの面接に行きました。店長の松崎さんがソラさんの面接をしました。 バイトは日本人じゃなくても大丈夫です。でも、日本語は大切です。

ソラさんは日本語は大丈夫だと言いました。バイトは合格しました。

ソラさんは、3時から8時までコンビニで働きます。

第11課

〔쓰기1〕

①お酒を三本も飲みました。

② 学生が四十人もいました。

③ この仕事が一ヶ月もかかりました。

④ 靴が十足もありました。

⑤ 試験を五回も受けました。

⑥ 距離が100キロもありました。

〔쓰기2〕

① 歩くと健康にいいです。

② 地下鉄に乗ると遠回りになります。

③ お酒を飲むと顔が赤くなります。

④ 図書館に行くと彼に会えます。

〔말하기1〕

① A : 昨日はたいへんでしたよ。

B : どうしたんですか。

A : 近所で火事があったんです。

B : そうですか。

A : 被害が一億もあったんです。

B : そうですか。たいへんでしたね。

② A : 昨日はたいへんでしたよ。

B：どうしたんですか。

A：近所で火事があったんです。

B：そうですか。

A：人が四人もなくなったんです。

B：そうですか。たいへんでしたね。

③ A：昨日はたいへんでしたよ。

B：どうしたんですか。

A：近所で火事があったんです。

B：そうですか。

A：消防自動車が五台も来たんです。

B：そうですか。たいへんでしたね。

④ A：昨日はたいへんでしたよ。

B：どうしたんですか。

A：近所で火事があったんです。

B：そうですか。

A：人が数十人もけがをしたんです。

B：そうですか。たいへんでしたね。

〔말하기2〕

① A：そうですか。そんなに高いんですか。

B：ええ、場所によっては、もっと高いところもありますよ。

A：すごいですね。

② A：そうですか。そんなにかかるんですか。

B：ええ、場合によっては、一ヶ月もかかる工事もありますよ。

A：すごいですね。

③ A：そうですか。そんなに集まるんですか。

B：ええ、時によっては、何百人も集まる場合もありますよ。

A：すごいですね。

④ A：そうですか。そんなに飲むんですか。

B：ええ、調子によっては、十本も飲むこともありますよ。

A：すごいですね。

〔듣기1〕

① ゴールデンウィーク　② ４月29日から

③ 十日間くらい　④ 海外旅行

〔듣기2〕

① 4月29日から5月5日までの大型連休のことです。

② いいえ、バイトでどこにも行きません。

• 듣기 문제 스크립트 •

聞き取り問題 1

①(ゴールデンウイーク)って何ですか、それ。

② (４月29日から) 5月5日までの一週間、祝日が4日もあります。

③ 会社によっては、(十日間くらい) 休むところもあります。

④ 来年は (海外旅行) に行きたいですね。

聞き取り問題 2

来週からゴールデンウィークです。ゴールデンウィークとは、４月29日から5月5日までの大型連休のことです。会社によっては、十日間くらい休むところもあります。
この期間はどこに行っても人でいっぱいです。
竹井さんはお金がないから、毎日バイトをする予定です。

第12課

〔쓰기1〕

① 待つ　→ 待たれる　→ 待たれます

② 押す　→ 押される　→ 押されます

③ 飲む　→ 飲まれる　→ 飲まれます

④ 頼む　→ 頼まれる　→ 頼まれます

⑤ 降る　→ 降られる　→ 降られます

⑥ 来る　→ 来られる　→ 来られます

⑦ する　→ される　→ されます

⑧ 叱る　→ 叱られる　→ 叱られます

⑨ 呼ぶ	→ 呼ばれる	→ 呼ばれます
⑩ 捨てる	→ 捨てられる	→ 捨てられます
⑪ 聞く	→ 聞かれる	→ 聞かれます
⑫ 怒る	→ 怒られる	→ 怒られます

〔쓰기2〕

① 父にしかられました。
② みんなに笑われました。
③ 社長に呼ばれました。
④ 妹に起こされました。
⑤ 雨に降られました。
⑥ 子供に時計を壊されました。
⑦ 赤ちゃんに泣かれました。
⑧ どろぼうにはいられました。

〔쓰기3〕

① A : 飲んでもいいですか。
B : いいえ、飲んではいけません。
② A : 電話してもいいですか。
B : いいえ、電話してはいけません。
③ A : 開けてもいいですか。
B : いいえ、開けてはいけません。
④ A : 閉めてもいいですか。
B : いいえ、閉めてはいけません。
⑤ A : 食べてもいいですか。
B : いいえ、食べてはいけません。
⑥ A : 座ってもいいですか。
B : いいえ、座ってはいけません。

〔말하기1〕

① A : なにか困ったことがあるんですか。
B : ええ、父に怒られたんです。
A : そうですか。
B : ええ、それで困っているんですよ。
② A : なにか困ったことがあるんですか。
B : ええ、職員に辞められたんです。
A : そうですか。

B：ええ、それで困っているんですよ。

③ A：なにか困ったことがあるんですか。

B：ええ、毎日友だちに来られるんです。

A：そうですか。

B：ええ、それで困っているんですよ。

④ A：なにか困ったことがあるんですか。

B：ええ、子供にカセットをこわされたんです。

A：そうですか。

B：ええ、それで困っているんですよ。

〔말하기2〕

① A：ここでお茶を飲んでもいいですか。

B：ええ、いいですよ、どうぞ。

A：お弁当を食べてはいけないんですね。

B：ええ、弁当はこまります。

② A：ここで新聞を読んでもいいですか。

B：ええ、いいですよ、どうぞ。

A：コーヒーを飲んではいけないんですね。

B：ええ、コーヒーはこまります。

③ A：ここで休んでもいいですか。

B：ええ、いいですよ、どうぞ。

A：食事をしてはいけないんですね。

B：ええ、食事はこまります。

④ A：ここでテレビを見てもいいですか。

B：ええ、いいですよ、どうぞ。

A：煙草を吸ってはいけないんですね。

B：ええ、煙草はこまります。

⑤ A：ここで写真をとってもいいですか。

B：ええ、いいですよ、どうぞ。

A：フラッシュをつかってはいけないんですね。

B：ええ、フラッシュはこまります。

〔듣기1〕

① 招待されている　　② 行ってはいけない

③ お客さんのために　　④ 結婚できるか

〔듣기2〕

① 再来週あります。

② いいえ、招待されないと行ってはいけません。

聞き取り問題1

① 私も再来週、友達の結婚式に (招待されている) んです。

② 日本の結婚式は招待されないと、(行ってはいけない) んです。

③ 日本では招待する人は (お客さんのために)、ごちそうやお土産まで用意するんですよ。

④ いつ (結婚できるか)、分からないんですけどね…。

聞き取り問題2

梅田さんは、再来週友達の結婚式に招待されています。
日本の結婚式は、招待されないと行ってはいけません。
招待する人は、お客さんのためにごちそうやお土産を用意します。
ソラさんは、梅田さんの友達の結婚式には行けません。
でも、梅田さんの結婚式には招待してもらう予定です。

第13課

〔쓰기1〕

① 持つ	→ 持たせる	→ 持たせます
② 聞く	→ 聞かせる	→ 聞かせます
③ 飲む	→ 飲ませる	→ 飲ませます
④ 歌う	→ 歌わせる	→ 歌わせます
⑤ 帰る	→ 帰らせる	→ 帰らせます
⑥ 入る	→ 入らせる	→ 入らせます
⑦ やめる	→ やめさせる	→ やめさせます
⑧ 話す	→ 話させる	→ 話させます

⑨ 来る　　　　→ 来させる　　　→ 来させます
⑩ する　　　　→ させる　　　　→ させます
⑪ 知る　　　　→ 知らせる　　　→ 知らせます

〔쓰기2〕

① 子供にごみをすてさせます。
② 姉にちゃわんを洗わせます。
③ 田中さんに書類を調べさせます。
④ 弟にくつをみがかせます。
⑤ 学生に宿題をさせる。
⑥ 子供に部屋をかたづけさせます。

〔쓰기3〕

① 会社を辞めさせられました。
② 一時間も待たせられました。(= 一時間も待たされました。)
③ レポートを書かせられました。(= レポートを書かされました。)
④ 掃除をさせられました。
⑤ 歌を歌わせられました。(= 歌を歌わされました。)
⑥ お酒を飲ませられました。(= お酒を飲まされました。)

〔말하기1〕

① A : だれかにこの仕事を手伝ってもらいたいんですが。
B : それじゃ、私に手伝わせてください。
A : じゃ、お願いします。
② A : だれかにパソコンを打ってもらいたいんですが。
B : それじゃ、私に打たせてください。
A : じゃ、お願いします。
③ A : だれかに明日会社に来てもらいたいんですが。
B : それじゃ、私に来させてください。
A : じゃ、お願いします。
④ A : だれかにこの資料を調べてもらいたいんですが。
B : それじゃ、私に調べさせてください。
A : じゃ、お願いします。

〔말하기2〕

① A : 田中さんはなにをさせられると一番いやですか。

B : そうですね。お酒を飲まされるのが一番いやです。

② A : 田中さんはなにをさせられると一番いやですか。

B : そうですね。部屋をかたづけさせられるのが一番いやです。

③ A : 田中さんはなにをさせられると一番いやですか。

B : そうですね。長い間待たされるのが一番いやです。

④ A : 田中さんはなにをさせられると一番いやですか。

B : そうですね。歌を歌わされるのが一番いやです。

⑤ A : 田中さんはなにをさせられると一番いやですか。

B : そうですね。休みの日会社へ来させられるのが一番いやです。

⑥ A : 田中さんはなにをさせられると一番いやですか。

B : そうですね。夜おそくお使いに行かされるのが一番いやです。

〔말하기3〕

① A : 子供の時いろいろなことをさせられました。

B : たとえば、どんなことですか。

A : ごみを捨てさせられたり、くつを磨かされたりしました。

B : いやだと思いましたか。

A : ときどきそう思いましたが、その経験がいまは役に立っています。

② A : 子供の時いろいろなことをさせられました。

B : たとえば、どんなことですか。

A : 作文を書かされたり、本を読まされたりしました。

B : いやだと思いましたか。

A : ときどきそう思いましたが、その経験がいまは役に立っています。

③ A : 子供の時いろいろなことをさせられました。

B : たとえば、どんなことですか。

A : 夕ごはんを作らされたり、ちゃわんを洗わされたりしました。

B : いやだと思いましたか。

A : ときどきそう思いましたが、その経験がいまは役に立っています。

④ A : 子供の時いろいろなことをさせられました。

B : たとえば、どんなことですか。

A : 早く起こされたり、早く寝かされたりしました。

B : いやだと思いましたか。

A : ときどきそう思いましたが、その経験がいまは役に立っています。

〔듣기1〕

① 出たばかり　② 翻訳されて

③ 若者の関心　④ 聞かせてください

〔듣기2〕

① はい、人気があります。

② カリーヌさんです。

• 듣기 문제 스크립트 •

聞き取り問題 1

① 最近 (出たばかり) のマンガです。私、このマンガが大好きなんです。

② 有名なマンガは韓国語に (翻訳されて) います。

③ 日本も韓国も、(若者の関心) は変わらないということですね。

④ 実は私も、コミケに興味があるんです。ぜひお話を (聞かせてください) 。

聞き取り問題 2

日本のマンガは韓国でも人気があります。有名なマンガは韓国語に翻訳されています。
アニメも韓国語に吹き替えられて放送されています。
日本と韓国の若者の関心は変わらないようです。
カリーヌさんもアニメが大好きで、コスプレしてコミケに行ったことがあります。

第14課

〔쓰기1〕

① 彼がメールを送ってくれました。

② 母がセーターを編んでくれました。

③ 先輩が論文の資料を調べてくれました。

④ 姉の友だちがきれいな花束を買ってくれました。

⑤ 彼女がいい辞書を選んでくれました。

⑥ 弟がパソコンをなおしてくれました。

〔쓰기2〕

① 彼のお父さんにラジカセをいただきました。

② あの方にお土産をいただきました。

③ 先生の奥さんにプレゼントをいただきました。

〔말하기1〕

① A : 新聞、まだ来ませんね。

B : そうですね。もう来るはずなんですが、どうしたんでしょう。

A : 聞いてみましょうか。

B : そうですね。聞いてみてください。

② A : 授業、まだ始まりませんね。

B : そうですね。もう始まるはずなんですが、どうしたんでしょう。

A : 聞いてみましょうか。

B : そうですね。聞いてみてください。

③ A : 会議、まだ終わりませんね。

B : そうですね。もう終わるはずなんですが、どうしたんでしょう。

A : 聞いてみましょうか。

B : そうですね。聞いてみてください。

④ A : 食事、まだできませんね。

B : そうですね。もうできるはずなんですが、どうしたんでしょう。

A : 聞いてみましょうか。

B : そうですね。聞いてみてください。

〔말하기2〕

① A : いいサングラスですね。どこで買いましたか。

B : これは買ったんじゃないんです。いただいたんです。

A : そうですか。だれにもらったんですか。

B : 先生にいただいたんです。

② A : いいネックレスですね。どこで買いましたか。

B : これは買ったんじゃないんです。いただいたんです。

A : そうですか。だれにもらったんですか。

B : 先生にいただいたんです。

③ A : いいシャーペンですね。どこで買いましたか。

B : これは買ったんじゃないんです。いただいたんです。

A : そうですか。だれにもらったんですか。

B : 先生にいただいたんです。

④ A : いいマフラーですね。どこで買いましたか。

B : これは買ったんじゃないんです。いただいたんです。

A : そうですか。だれにもらったんですか。

B : 先生にいただいたんです。

⑤ A : いいラジカセですね。どこで買いましたか。

B : これは買ったんじゃないんです。いただいたんです。

A : そうですか。だれにもらったんですか。

B : 先生にいただいたんです。

⑥ A : いいネクタイですね。どこで買いましたか。

B : これは買ったんじゃないんです。いただいたんです。

A : そうですか。だれにもらったんですか。

B : 先生にいただいたんです。

〔듣기1〕

① ちょうだい　② 夏の贈り物

③ 詰め合わせ　④ 送っているはず

〔듣기2〕

① お中元

② ビールを送ってくれました。

• 듣기 문제 스크립트 •

聞き取り問題 1

① あら、きっとお中元だわ。ソラちゃん、悪いけれどこっちに持ってきて(ちょうだい)。

② お中元は (夏の贈り物) で、感謝の気持ちを伝えるあいさつの意味があるの。

③ 多分ビールの (詰め合わせ) よ。山崎さんは、毎年ビールを送ってくれるの。

④ たしか家は毎年山崎さんの家に、ジュースの詰め合わせを (送っているはず) よ。

聞き取り問題 2

お中元とは、普段お世話になっている人に、夏に送るプレゼントのことです。

感謝の気持ちを伝える意味があります。プレゼントは、その家の人が喜ぶものをおくります。

山崎さんは、お父さんがビールが好きだから、ビールをおくってくれました。
お母さんは、山崎さんにジュースの詰め合わせをおくりました。
山崎さんは子どもが多いからです。

第15課

〔쓰기1〕

① 彼にメールを送ってもらいました。

② 母にセーターを編んでもらいました。

③ 先輩に論文の資料を送ってもらいました。

④ 姉の友だちにきれいな花束を買ってもらいました。

⑤ 彼女にいい辞書を買ってもらいました。

⑥ 弟にパソコンをなおしてもらいました。

〔쓰기2〕

① 先生に参考書を選んでいただきました。

② あの方に案内していただきました。

③ 先輩にインターネットの検索をしていただきました。

④ 先生の奥さんにお祝いを送っていただきました。

⑤ どなたに道を教えていただきましたか。

〔말하기1〕

① A : お茶は自分でいれますか。だれかにいれてもらいますか。
　B : たいてい自分でいれますが、時々姉にいれてもらいます。

② A : 部屋は自分でかたづけますか。だれかにかたづけてもらいますか。
　B : たいてい自分でかたづけますが、時々姉にかたづけてもらいます。

③ A : ふとんは自分でたたみますか。だれかにたたんでもらいますか。
　B : たいてい自分でたたみますが、時々姉にたたんでもらいます。

④ A : お皿は自分で洗いますか。だれかに洗ってもらいますか。
　B : たいてい自分で洗いますが、時々姉に洗ってもらいます。

〔말하기2〕

① A : この資料は自分で調べたんですか。

B : いいえ、姉に調べてもらったんです。

A : そうですか。いつもお姉さんに調べてもらうんですか。

B : いいえ、たいていは自分で調べますが、この資料だけ調べてもらったんです。

② A : このゆびわは自分で買ったんですか。

B : いいえ、姉に買ってもらったんです。

A : そうですか。いつもお姉さんに買ってもらうんですか。

B : いいえ、たいていは自分で買いますが、このゆびわだけ買ってもらったんです。

③ A : この料理は自分で作ったんですか。

B : いいえ、姉に作ってもらったんです。

A : そうですか。いつもお姉さんに作ってもらうんですか。

B : いいえ、たいていは自分で作りますが、この料理だけ作ってもらったんです。

④ A : この写真は自分でとったんですか。

B : いいえ、姉にとってもらったんです。

A : そうですか。いつもお姉さんにとってもらうんですか。

B : いいえ、たいていは自分でとりますが、この写真だけとってもらったんです。

⑤ A : この部屋の掃除は自分でしたんですか。

B : いいえ、姉にしてもらったんです。

A : そうですか。いつもお姉さんにしてもらうんですか。

B : いいえ、たいていは自分でしますが、この部屋の掃除だけしてもらったんです。

⑥ A : このコーヒーは自分でいれたんですか。

B : いいえ、姉にいれてもらったんです。

A : そうですか。いつもお姉さんにいれてもらうんですか。

B : いいえ、たいていは自分でいれますが、このコーヒーだけいれてもらったんです。

〔듣기1〕

① お客さん　② 見るために

③ あるらしい　④ 代わってもらう

〔듣기2〕

① みんないい場所で見るために、早く来て席を取っておくからです。

② はい、出るつもりです。

• 듣기 문제 스크립트 •

聞き取り問題 1

① いらっしゃいませ。竹井さん、今日はいつもより (お客さん) が多いですね。

② いい場所で (見るために)、みんな早く来て席を取っておくんだよ。

③ 店長の話によると、ミス浴衣コンテストも (あるらしい)よ。

④ 梅田さんに (代わってもらう) のは、どう？ 彼女、暇だって言っていたし。

聞き取り問題 2

今日は、花火大会の日です。 コンビニにもお客さんがたくさん来ます。
みんないい場所で見るために、早く来て席を取っておくのです。
6時から盆踊り大会もあります。ソラさんは、盆踊りも見たことがないし、
ミス浴衣コンテストにも出たいので、お祭りに行くつもりです。

第16課

〔쓰기1〕

① 聞くと思います。 ② 習うと思います。

③ 教えたと思います。 ④ わかったと思います。

⑤ 帰らないと思います。 ⑥ 来ないと思います。

⑦ むずかしいと思います。 ⑧ まじめだと思います。

⑩ 韓国人だと思います。 ⑪ アメリカ人じゃないと思います。

〔쓰기2〕

① 習う → 習わなければならない → 習わなければなりません

② 勉強する → 勉強しなければならない → 勉強しなければなりません

③ 話す → 話さなければならない → 話さなければなりません

④ 待つ → 待たなければならない → 待たなければなりません

⑤ 呼ぶ → 呼ばなければならない → 呼ばなければなりません

⑥ 始める → 始めなければならない → 始めなければなりません

⑦ 聞く → 聞かなければならない → 聞かなければなりません

⑧ タバコをやめる → タバコをやめなければならない → タバコをやめなければなりません

〔말하기1〕

① A : 鈴木さんは帰るでしょうか。

B : ええ、帰るとおもいます。さっき電話がありましたから。

A : 帰るといっていましたか。

B : ええ、そういっていましたよ。

② A : 鈴木さんは行かないでしょうか。

B : ええ、行かないとおもいます。さっき電話がありましたから。

A : 行かないといっていましたか。

B : ええ、そういっていましたよ。

③ A : 鈴木さんは行くでしょうか。

B : ええ、行くとおもいます。さっき電話がありましたから。

A : 行くといっていましたか。

B : ええ、そういっていましたよ。

④ A : 鈴木さんはしないでしょうか。

B : ええ、しないとおもいます。さっき電話がありましたから。

A : しないといっていましたか。

B : ええ、そういっていましたよ。

⑤ A : 鈴木さんは買うでしょうか。

B : ええ、買うとおもいます。さっき電話がありましたから。

A : 買うといっていましたか。

B : ええ、そういっていましたよ。

⑥ A : 鈴木さんはでかけるでしょうか。

B : ええ、でかけるとおもいます。さっき電話がありましたから。

A : でかけるといっていましたか。

B : ええ、そういっていましたよ。

〔말하기2〕

① A : いま、何時ですか。

B : 九時ですよ。

A : そうですか。もう始めなければなりませんね。

B : そうですね。早く始めましょう。

② A : いま、何時ですか。

B : 四時ですよ。

A : そうですか。もう出発しなければなりませんね。

B : そうですね。早く出発しましょう。

③ A : いま、何時ですか。

B : 十二時ですよ。

A : そうですか。もう出なければなりませんね。

B : そうですね。早く出ましょう。

④ A : いま、何時ですか。

B : 七時ですよ。

A : そうですか。もう行かなければなりませんね。

B : そうですね。早く行きましょう。

〔듣기1〕

① 全国大会 ② 若い人、 青春時代

③ 頑張らなければならない ④ 後悔先に立たず

〔듣기2〕

① お父さんの母校が甲子園に出ているからです。

② 高校野球の夏の全国大会のことです。

• 듣기 문제 스크립트 •

聞き取り問題 1

① 甲子園球場で高校野球の夏の (全国大会) をするんです。

② (若い人) が、汗や涙を流しながら、真剣に野球をしている姿に感動するんだと思う。

一生に一度の (青春時代) だからね。

③ 私も、後悔しないように (頑張らなければならない) ですね。

④ 「後悔先に立たず」ですよね。

聞き取り問題 2

お父さんは甲子園を見ています。お父さんの母校が甲子園に出ているからです。

甲子園とは、高校野球の夏の全国大会のことです。甲子園球場で試合をするので、「甲子園」と呼ばれています。日本人は、甲子園が大好きです。

若い人が、汗や涙を流しながら、真剣に野球をしている姿に感動するからです。

第17課

〔쓰기1〕

① 掃除をしたり洗濯をしたりします。

② 料理を作ったりお茶をいれたりします。

③ 歌をうたったりギターをひいたりします。

④ 話をしたりお茶を飲んだりします。

⑤ 辞書をひいたりインターネットで探したりします。

⑥ 散歩をしたり友だちに会ったりします。

〔쓰기2〕

① 終わる	→ 終わってしまう	→ 終わっちゃう
② 買う	→ 買ってしまう	→ 買っちゃう
③ なくす	→ なくしてしまう	→ なくしちゃう
④ 言う	→ 言ってしまう	→ 言っちゃう
⑤ する	→ してしまう	→ しちゃう
⑥ 寝る	→ 寝てしまう	→ 寝ちゃう
⑦ 飲む	→ 飲んでしまう	→ 飲んじゃう
⑧ 使う	→ 使ってしまう	→ 使っちゃう

〔말하기1〕

① A : 昨日はなにをしましたか。

B : ドライブに行ったり映画を見たりしました。金さんは?

A : 私は一日中バイトでしたよ。

B : それはたいへんでしたね。

② A : 昨日はなにをしましたか。

B : 友だちに会ったりショッピングをしたりしました。金さんは?

A : 私は一日中バイトでしたよ。

B : それはたいへんでしたね。

③ A : 昨日はなにをしましたか。

B : レポートを書いたり宿題をしたりしました。金さんは?

A : 私は一日中バイトでしたよ。

B : それはたいへんでしたね。

④ A : 昨日はなにをしましたか。

B : 部屋の掃除をしたり洗濯をしたりしました。金さんは?

A : 私は一日中バイトでしたよ。

B : それはたいへんでしたね。

〔말하기2〕

① A : 鈴木さんはどうしたんですか。帰ったんですか。

B : ええ、帰ってしまいました。

② A : 仕事はどうしたんですか。辞めたんですか。

B : ええ、辞めてしまいました。

③ A : 恵理さんはどうしたんですか。行ったんですか。

B : ええ、行ってしまいました。

④ A : お金はどうしたんですか。使ったんですか。

B : ええ、使ってしまいました。

⑤ A : お酒はどうしたんですか。飲んだんですか。

B : ええ、飲んでしまいました。

⑥ A : 宿題はどうしたんですか。忘れたんですか。

B : ええ、忘れてしまいました。

〔듣기1〕

① 動けませんでした　　② 小さな頃から、 それほど

③ 落ちてきても　　④ かえって

〔듣기2〕

① 昨日の夜起こりました。

② 机の下にかくれます。

• 듣기 문제 스크립트 •

聞き取り問題 1

① 昨日の夜、大きな地震がありましたね。怖くて、布団の中から (動けませんでした)。

② (小さな頃から) 何度も経験しているので、(それほど) 怖くないです。

③ そうそう。上から何か(落ちてきても) 大丈夫なように、まずは机の下にかくれるんですよ。

④ 屋根のかわらなどが落ちたりするから、(かえって) 危ないんですよ。

聞き取り問題２
昨日の夜、大きな地震がありました。
ソラさんは怖くて布団の中から動けませんでした。
地震が起きたとき、上から何か落ちてきても大丈夫なように、まずは机の下にかくれます。
すぐに外に出てはだめです。それから、火を使っていたらすぐに止めなければなりません。
そして、窓やドアは開けておくことが大切です。後で逃げられなくなるからです。

第18課

〔쓰기1〕

①明日来なくて(も)いいです。
② 電話をかけなくて(も)いいです。
③ ストーブをつけなくて(も)いいです。
④ メールを送らなくて(も)いいです。
⑤ 煙草をすわなくて(も)いいです。
⑥ そんなに急がなくて(も)いいです。
⑦ 毎日しなくて(も)いいです。
⑧ いま払わなくて(も)いいです。

〔쓰기2〕

① ビールじゃなくてビルです。
② 四日じゃなくて八日です。
③ おとといじゃなくておとtしです。
④ あしたじゃなくてあさってです。
⑤ 美容院じゃなくて病院です。
⑥ 田中さんじゃなくて山田さんです。

〔말하기1〕

① A : それじゃ、いま予約をしましょうか。
B : いま予約はしなくていいですよ。
A : そうですか。
B : ええ、そんなに急ぐもんじゃないんですから。
② A : それじゃ、すぐ始めましょうか。
B : すぐ始めなくていいですよ。
A : そうですか。
B : ええ、そんなに急ぐもんじゃないんですから。

③ A : それじゃ、ノートパソコンを買いましょうか。

B : ノートパソコンは買わなくていいですよ。

A : そうですか。

B : ええ、そんなに急ぐもんじゃないんですから。

④ A : それじゃ、彼を呼びましょうか。

B : 彼は呼ばなくていいですよ。

A : そうですか。

B : ええ、そんなに急ぐもんじゃないんですから。

⑤ A : それじゃ、鈴木さんに電話をかけましょうか。

B : 鈴木さんには電話をかけなくていいですよ。

A : そうですか。

B : ええ、そんなに急ぐもんじゃないんですから。

⑥ A : それじゃ、あした来ましょうか。

B : あした来なくていいですよ。

A : そうですか。

B : ええ、そんなに急ぐもんじゃないんですから。

〔말하기2〕

① A : 今度新しくできたレストランはどうですか。行ってみましたか。

B : ええ、先週行ってみましたが、どうもね。

A : おいしくないんですか。

B : ええ、おいしくないばかりじゃなくて高いんですよ。

A : そうですか。それはざんねんですね。

② A : 今度新しくできたレストランはどうですか。行ってみましたか。

B : ええ、先週行ってみましたが、どうもね。

A : メニューが少ないんですか。

B : ええ、メニューが少ないばかりじゃなくて高いんですよ。

A : そうですか。それはざんねんですね。

③ A : 今度新しくできたレストランはどうですか。行ってみましたか。

B : ええ、先週行ってみましたが、どうもね。

A : 味がわるいんですか。

B : ええ、味がわるいばかりじゃなくて高いんですよ。

A : そうですか。それはざんねんですね。

④ A：今度新しくできたレストランはどうですか。行ってみましたか。

B：ええ、先週行ってみましたが、どうもね。

A：魚が古いんですか。

B：ええ、魚が古いばかりじゃなくて高いんですよ。

A：そうですか。それはざんねんですね。

⑤ A：今度新しくできたレストランはどうですか。行ってみましたか。

B：ええ、先週行ってみましたが、どうもね。

A：親切じゃないんですか。

B：ええ、親切じゃないばかりじゃなくて高いんですよ。

A：そうですか。それはざんねんですね。

⑥ A：今度新しくできたレストランはどうですか。行ってみましたか。

B：ええ、先週行ってみましたが、どうもね。

A：料理がおそいんですか。

B：ええ、料理がおそいばかりじゃなくて高いんですよ。

A：そうですか。それはざんねんですね。

B：これからは行きたくないんですよ。

〔듣기1〕

① カメラ付き　　② さえあれば、 買わなくてもいいね

③ すごいなあ　　④ じゃなくて

〔듣기2〕

① カメラ付きケータイの方が性能がいいそうです。

② メールやネット、スケジュール管理ができます。

• 듣기 문제 스크립트 •

聞き取り問題 1

① やっと (カメラ付き) ケータイを買ったんだ。

② うん、できるみたいだよ。最近はケータイさえあれば、メールもネットもできるから、パソコンを (買わなくてもいいね)。

③ これからは、ケータイ１つで何でもできる時代になるでしょうね。(すごいなあ)。

④ ケータイに使われるん(じゃなくて)、使いこなせるようにならないといけないですね。

聞き取り問題２

最近の携帯電話は、ほとんどカメラ付きです。

カメラ付きケータイのカメラは、安いデジカメより性能がいいそうです。

最近はケータイでメールやネット、スケジュール管理もできます。

これからはケータイ１つで何でもできる時代になるでしょう。

でも、ケータイに使われるのではなく、使いこなせるようにならないといけないでしょう。